DASHKA SLATER

La galardonada periodista Dashka Slater ha colaborado con medios como *Newsweek*, *Saloon*, *The New York Times Magazine* y *Mother Jones*. Recibió la Beca de Escritura Creativa del Fondo Nacional de las Artes y ha escrito libros de ficción y no ficción para todas las edades. Dashka es autora *bestseller* del *New York Times*. Vive en California y más información sobre su trabajo está disponible en dashkaslater.com.

BUS 57

BUS 57

LA HISTORIA DE DOS ADOLESCENTES Y EL CRIMEN QUE CAMBIÓ SUS VIDAS

DASHKA SLATER

TRADUCCIÓN DE DARÍO ZÁRATE FIGUEROA

VINTAGE ESPAÑOL

Penguin Random House Grupo Editorial

Título original: *The 57 bus*

Primera edición: agosto de 2026

Publicado en acuerdo con Farrar, Straus and Giroux Books for Young Readers,
un sello de Macmillan Publishing Group, LLC.

Publicado por Vintage Español®, marca registrada de
Penguin Random House Grupo Editorial USA, LLC
8950 SW 74th Court, Suite 2010
Miami, FL 33156

Traducción: Darío Zárate Figueroa

Impreso en Colombia / *Printed in Colombia*

Información de catalogación de publicaciones disponible
en la Biblioteca del Congreso de los Estados Unidos

ISBN: 979-8-89098-637-5

26 27 28 29 30   10 9 8 7 6 5 4 3 2 1

Para Cliff

CONTENIDO

NOTA DE LA AUTORA

Esta es una historia verdadera. Todas las personas que aparecen en este libro son reales, aunque en algunos casos se han empleado seudónimos o iniciales. Las personas jóvenes se identifican solo por sus nombres de pila.

Los detalles de la historia se reunieron a partir de una variedad de fuentes, que incluyen entrevistas, documentos, cartas, videos, diarios, publicaciones en redes sociales y registros públicos. Las citas de estas fuentes son textuales, excepto en unos cuantos casos en los que quité nombres y los reemplacé con guiones largos. La información de primera mano se corroboró con registros oficiales siempre que fue posible, a menos que dichos registros estuvieran sellados o no estuvieran disponibles para el público. En esos casos, confié en la memoria de testigos y participantes.

Los nombres y pronombres que usé para referirme a personas de género no conforme fueron aprobados por dichas personas.

LUNES, 4 DE NOVIEMBRE DE 2013

A las cuatro y media de la tarde, después de clases, la primera oleada de pasajeros ya se ha ido. Solo quedan personas rezagadas y que salen tarde. Muestran sus pases cuando suben al autobús 57 y toman asiento entre trabajadores que vuelven a casa, gente que fue de compras o a hacer mandados, y otros estudiantes de la ciudad. Hay ruido en el bus, aunque menos del usual. Grupos de jóvenes gritan y ríen. Una mujer mayor, sentada al frente, habla sin parar con el chofer.

Anochece. El horario de verano terminó ayer y la noche se apresura a ocupar el lugar de la tarde. Todo es más lóbrego, más somnoliento, más invernal. Los pasajeros tienen la vista fija en sus teléfonos o contemplan la luz menguante por las ventanas rayadas y mugrientas.

Sasha, adolescente, está en un asiento cerca del fondo. Ha pasado la mayor parte del viaje leyendo un ejemplar de pasta blanda de *Anna Karenina* para su clase de literatura rusa. Hoy, como casi siempre, viste una camiseta, una chaqueta negra con forro de lana, una boina gris y una vaporosa falda blanca. Estudia el último año en una pequeña preparatoria privada y se identifica como agénero: ni mujer y hombre. Mientras el autobús avanza pesadamente por la ciudad, Sasha guarda el libro y dormita. Su falda cae sobre el borde del asiento como una cortina.

A unos pies de distancia, tres adolescentes bromean y ríen. Uno de ellos, Richard, lleva una sudadera negra con capucha y una gorra con visera anaranjada de los Knicks de Nueva York. Tiene dieciséis años y estudia el tercer año en la Preparatoria Oakland. Sus ojos son castaños y su sonrisa suave y dulce. Está de pie, de espaldas a Sasha y se agarra de un tubo para mantener el equilibrio.

Sasha duerme mientras Richard y sus amigos bromean y juegan a pelearse. Duerme mientras Lloyd, el primo de Richard, salta de un lado a otro del pasillo coqueteando con una chica que está al frente. Duerme mientras Richard enciende disimuladamente un encendedor y lo acerca al dobladillo de la vaporosa falda blanca.

Espera.

En un instante, Sasha despertará dentro de una bola de fuego y empezará a gritar.

En un instante, todo se pondrá en movimiento.

Una ambulancia llevará a Sasha a una unidad de quemados en San Francisco, donde pasará las siguientes tres semanas y media sometiéndose a múltiples cirugías para tratar las quemaduras de segundo y tercer grado que le recorren las piernas desde las pantorrillas hasta los muslos.

Richard, arrestado en la escuela al día siguiente, será acusado de dos delitos graves, ambos con una cláusula de crimen de odio que aumentará su condena si se le declara culpable. La fiscal del distrito, apelando a la severidad del crimen, lo acusará como a un adulto, negándole las protecciones que suelen concederse a los infractores menores de edad. Antes de que termine la semana, enfrentará la posibilidad de pasar su vida en la cárcel.

Pero nada de eso ha pasado todavía. Por ahora, ambos adolescentes solo vuelven a casa en autobús después de sus clases.

Seguramente no es demasiado tarde para impedir que todo salga mal. Tiene que haber alguna manera de despertar a Sasha, que el chofer pare el autobús.

Tiene que haber algo que pueda hacerse.

OAKLAND, CALIFORNIA

Oakland, California, es una ciudad de más de 400,000 habitantes. Aun así, a veces parece un pueblo pequeño. No en el sentido geográfico, por supuesto. La ciudad se extiende a lo largo de setenta y ocho millas cuadradas, desde el estuario estrecho y salado a orillas de la bahía de San Francisco hasta las ondulantes lomas verdes y doradas, donde rondan los coyotes y los linces. Lo que hace que parezca pequeña es la red de conexiones, la forma en que las historias de las personas se entrelazan. Todas las vidas dejan huellas, rastros en las nieves del tiempo. Las personas conocen a los padres o hermanos de su prójimo, a sus tías y primos. Van juntos a la escuela o a la iglesia. Juegan en el mismo equipo o trabajan en el mismo edificio. Las vías se cruzan. Las historias se superponen.

Oakland se considera una de las ciudades más diversas del país. Hay asiáticos y latinos, negros y blancos, africanos, árabes, indios, iraníes, nativos americanos y polinesios. Ningún grupo es minoría. Hay más parejas lésbicas per cápita que en cualquier otra ciudad del país, así como una de las mayores proporciones de familias homoparentales. Es una ciudad que se ufana de su apertura, su falta de pretensiones y su jerga local (los oaklandeses dicen *hella* cuando el resto del país dice *very* y *hecka* cuando quieren decirlo educadamente).

Sin embargo, a pesar de toda su despreocupada inclusión, Oakland es también una ciudad de marcados contrastes. En 2013, el año en que quemaron a Sasha, Oakland quedó en séptimo lugar en desigualdad de ingresos entre todas las ciudades estadounidenses, exactamente debajo de Nueva York. Su tasa de crímenes violentos per cápita la convirtió en la segunda ciudad más peligrosa de Estados Unidos. Aun así, sus ciudadanos pagaban algunas de las rentas más altas del país.

Aquí la gravedad funciona al revés: el dinero fluye hacia arriba. Los barrios más ricos, en las lomas, ostentan buenas escuelas, bajos índices de delincuencia y vistas a la bahía. Gracias al *boom* tecnológico de Bay Area, los edificios históricos del centro —abandonados por mucho tiempo — están llenándose de empresas emergentes: *boutiques* que venden *jeans* hechos a mano y locales nocturnos que sirven cocteles de siete ingredientes. Pero muy poca de esta buena fortuna se derramó sobre los llanos de East Oakland, donde Richard vivía y es precisamente aquí donde se comete la mayor parte de los homicidios: dos terceras partes, en 2013. Aquí las escuelas están más destartaladas y los puntajes de los estudiantes son más bajos. Hay más basura en las calles, más perros sueltos, más licorerías y menos tiendas de abarrotes. Las islas que separan las avenidas están llenas de hierbajos.

El autobús 57 atraviesa ambos tipos de barrios, recorre un trayecto de once millas de punta a punta de la ciudad. Empieza en la esquina noroeste de Oakland y avanza en diagonal por la ciudad, cruzando las estribaciones de la clase media, donde Sasha vive y Richard va a la escuela. Luego sigue por el bulevar MacArthur a lo largo de 120 cuadras. La ruta termina en la frontera sureste de la ciudad, cerca de la casa de Richard. Todas las tardes, los recorridos de ambos adolescentes coincidían durante apenas ocho minutos. De no ser por el bus 57, quizá sus caminos jamás se habrían cruzado.

PARTE 1

SASHA

TUMBLEANDO

(Adaptado del Tumblr de Sasha)

Verdura favorita: repollo chino
Animales favoritos: el gato y la sepia
Películas favoritas: las secuencias oníricas

¿Mis tres mejores cualidades?
La orientación
    Parece que a mis amigos les agrado
        El color morado

Por supuesto que me gustan los sombreros
a quien no le gusten, está mal

Me gustan los cumplidos
No me gustan los cumplidos
Me gusta mi cabello
                Doy buenos abrazos

Se me da bien encontrar posibles juegos de palabras

Si el mundo entero me escuchara, creo que
daría un sermón sobre un montón de cosas como
el género
la desigualdad económica
por qué la escuela es importante

Me gustan las fiestas
No me gustan las fiestas

En realidad, no llevo la cuenta de mis decepciones

Lugar ideal para vacacionar: probablemente una ciudad con buen metro

¿Piensas regalarme algo? Qué tal esto:
Un dirigible de latón
Una cortina de baño de mapa de tránsito
Una capa medieval
Un corsé con botones de plata
Un pedazo de galio cincelado que se derrita en la mano
Un vestido con una nebulosa estampada
Una casa victoriana sobre ruedas
Unas mallas pintadas como cola de sirena

Ya desde su infancia, a Sasha le interesaba el lenguaje. No aprender italiano, suajili o mandarín, sino el lenguaje en sí mismo, su forma y su estructura; los bloques como de Lego de los sonidos que encajan entre sí para formar palabras y oraciones. A la mayoría de los niños pequeños les interesa el hecho de que el animal con dos orejas puntiagudas y una cola se llame *gato*. A Sasha le interesaba el hecho de que, al añadir una *s* al final de la palabra *gato* se volviera plural.

—Mira —decía Sasha—. Dos gato… sssss.

Antes de cumplir tres años, Sasha ya identificaba sonidos con letras, a veces de forma inusual.

—¡La *be* es de *bebé*! —exclamaba—. ¡La *de* es de *delfín*! ¡La *ele* es de *elefante*!

A los cuatro años, Sasha ya leía sin ayuda, pero también había empezado a reflexionar sobre las formas de las letras.

—La *K* es un rectángulo y dos paralelogramos —anunció un día en el desayuno—. La *M* es dos paralelogramos y dos rectángulos.

Dos años después, Sasha empezó a crear un nuevo idioma. Se llamaba astrolinguish y era la lengua del planeta natal de Sasha, Astrolingua. El astrolinguish en su forma escrita estaba lleno de signos diacríticos: montones de diéresis, tildes y virgulillas. En su forma hablada, abundaba en erres y eles.

En su último año de preparatoria, Sasha seguía inventando idiomas y se juntaba en línea con otros ideolingüistas; es decir, personas que construyen sus propios lenguajes. Ahora estaba trabajando en uno nuevo. No tenía nombre, pero lo hablaban los miembros de una sociedad agrícola imaginaria, parecida a la de la antigua Mesopotamia.

Todas las lenguas encarnan las obsesiones de los pueblos que las hablan y la de Sasha pretendía reflejar los intereses de un pueblo cuyo mundo estaba dominado por las estaciones, los cereales y las cosechas. En vez de pronombres que distinguían entre lo masculino y lo femenino, la lengua de Sasha tenía pronombres que distinguían entre objetos animados e inanimados. La palabra para *sol* era *jejz*, que también significaba *día*. La diferencia era que el sol se consideraba animado, un ser y el día se consideraba inanimado, una cosa.

El inglés funciona distinto. Importa mucho el género y el idioma lo refleja en sus pronombres: *she* (ella) o *he* (*él*), *her* (la) o *him* (lo), *hers* (de ella) o *his* (de él). Se podría pensar que así es como funcionan las lenguas en la vida real, pero hay muchos idiomas en el mundo que son neutros en cuanto al género: usan la misma palabra para *él*, *ella* y *eso* o, sencillamente, no usan pronombres. Quizá hayas oído hablar de algunos de ellos. Por ejemplo, el armenio, el comanche, el finés, el húngaro, el hindi, el indonesio, el quechua, el tailandés, el tagalo, el turco, el vietnamita y el yoruba.

El inglés, por su parte, plantea una dificultad a quienes, como Sasha, consideran que no encajan en categorías tajantes como "hombre" y "mujer". Sasha, como muchas otras personas de género no conforme, desea que se le designe con el pronombre neutro *they*, cuyo equivalente en español es *elle*. Puede que resulte incómodo al principio, pero te acostumbrarás.

Cuando cumplió dieciséis años, Sasha pidió de regalo un acordeón, una máquina de escribir, una bandera soviética y un nuevo cubo de Rubik. No sabía tocar el acordeón, pero tal vez habría aprendido si le hubieran regalado uno, cosa que no sucedió. Tampoco le regalaron la bandera, aunque poco después Sasha y su amigo Michael hicieron un martillo y una hoz de cartón y los colgaron en la pared del cuarto de Sasha. En ese entonces, les obsesionaba todo lo relacionado con Rusia y el comunismo. Su amiga Carrie, que ese año tomaba el autobús con Sasha, recuerda cómo no dejaba de hablar del tema.

—Una vez que conoces a Sasha, te das cuenta de que no tiene pelos en la lengua —explica.

Eso es una vez que le conoces. Cuando hablas con Sasha por primera vez, se notan más su silencio y su timidez. El cabello, castaño y ondulado, le llega a la barbilla. Su cara es pálida y redonda, y tiene espesas cejas negras. Cuando sonríe, sus ojos se convierten en rendijas. Usa lentes redondos como ojos de búho y no siempre te mira de frente. En su niñez le diagnosticaron síndrome de Asperger, una forma de autismo que a veces hace que sea torpe socialmente, pero también hace que se apasione por lo que le interesa y la pasión termina por vencer su timidez.

¿Cuáles eran las pasiones de Sasha en su último año de preparatoria?

—Los autobuses, las caricaturas y el color morado —dice Healy, una de las amigas más cercanas de Sasha.

A eso podemos añadir el comunismo, los juegos, el webcómic *Homestuck* y los juegos de rol en vivo o *larping*, así como la banda de ska-pop-punk Sarchasm, conformada por unos chicos de la Preparatoria Maybeck, que alguna vez proclamaron a Sasha su fan número uno. También le interesaba el veganismo, aunque a Sasha no le gustaba que, en internet, otros veganos le dieran tanta importancia al tema.

El mejor amigo de Sasha era Michael, un chico larguirucho con cabello rubio arena y gruesos lentes, que siempre usaba un gorro tejido color gris y una chamarra verde militar. Michael y Sasha eran inseparables desde el primer año, cuando se conocieron jugando el juego de mesa *Diplomacy*. Con el tiempo, hicieron un grupo de amigos muy unido: Sasha, Healy, Michael, su novia Teah y otro amigo llamado Ian. Este último, rubio y barbudo, con el hábito de bajar la barbilla y mirar a la gente desde debajo de sus cejas, era el que nunca dejaba de hablar. La pelirroja Healy era la fuente inagotable de entusiasmo, robaba sombreros y llevaba sus emociones a flor de piel. Teah, con su cara de querubín, era amante de los disfraces y el baile; ella y Michael eran tan unidos que sus amigos se referían a ellos como una sola persona, llamada Tichael. Cuando se ponían cariñosos, Sasha se ponía en medio y gritaba a todo pulmón: "¡Déjenle espacio a Jesús!", como quien chaperoneaba en una graduación cristiana.

Sasha era la persona más brillante del grupo; aprendía cálculo, lingüística, física y programación sin esfuerzo, aunque nadie holgazaneaba en lo académico. A quien no le gustaba estudiar, no hubiera elegido Maybeck, una preparatoria privada con unos cien estudiantes que ocupaba dos pisos rentados de una iglesia presbiteriana en Berkeley. En las diminutas aulas, los estudiantes se sentaban en mesas de conferencias y criticaban la imagen de Estados Unidos como nación resplandeciente en la cima de una colina o comparaban las obras de Charles Darwin y Ursula K. Le Guin.

A los maestros les gustaba afirmar que Maybeck no tenía grupitos como otras preparatorias y era cierto que la escuela era un refugio para estudiantes que, como Healy, habían padecido *bullying* en la secundaria. En Maybeck todos eran amables y se aceptaban. Aun así, la escuela tenía divisiones sociales como cualquier otra preparatoria: los artistas, los marihuaneros, los *bros*.

—Nosotros éramos *nerds* —cuenta Ian—. *Nerds* chistosos y medio locos que jugaban videojuegos, veían anime y leían manga.

Al grupo de Sasha le fascinaban los juegos: juegos de mesa, juegos de video, juegos de naipes, juegos de rol, juegos de cartas coleccionables. En el almuerzo y después de clases solían reunirse en una mesa de madera en el pasillo, a la que todos llamaban "la mesa hex", aunque, como decía Ian, era octagonal, no hexagonal. Ahí jugaban cartas, en especial un juego que Michael y Sasha habían aprendido con un par de chicos del último año cuando ellos estaban en primero. Oficialmente, su nombre era "1,001 tarjetas en blanco", aunque por lo general lo llamaban "Fichas bibliográficas".

—Se juega con fichas bibliográficas —explica Sasha—. No todas son blancas y, a estas alturas, pocas están en blanco.

El mazo fue creciendo con el tiempo, pues los estudiantes robaban tarjetas de los salones siempre que querían expandirlo. Si sacabas una tarjeta en blanco del mazo, podías rellenarla, asignándole un valor en puntos y un efecto. Mientras más aleatorio, mejor. Con el tiempo, el mazo se llenó de chistes internos.

Había una tarjeta con un dibujo de *Fiesta* de Ernest Hemingway, cuyo efecto era que el jugador perdía dos turnos, "pues lees el libro y te mueres de aburrimiento". Había una tarjeta que exigía que hablaras con acento ruso, una que exigía que hablaras ceceando y otra que exigía que hablaras ceceando y con acento ruso. Había tarjetas que pedían que tocaras un solo de guitarra de aire, que hablaras como un personaje de anime doblado al inglés, que comieras hojas como jirafa, que hicieras duelos de miradas y que terminaras cada oración con la palabra *perro*. Había una llamada "Torre de sombreros" que exigía que les quitaras el sombrero a los demás y los usaras uno sobre otro. Había una que decía "*¡Se acabó el juego, Ian gana!*", creada como regalo de cumpleaños para Ian. Sasha creó una tarjeta llamada *Historia completa de la Unión Soviética contada por un humilde obrero*. Era el título de una canción de seis minutos y medio, adaptada a la melodía de Tetris, de una poco conocida banda británica llamada Pig with the Face of a Boy. Michael y Sasha estaban obsesionados con la canción y la cantaban siempre que podían.

—El efecto de la carta es que tienes que cantar la canción o perder un turno —explica Sasha.

Excepto por la carta de cumpleaños de Ian, no había manera de ganar el juego ni tenían un objetivo real. Solo jugaban hasta que todos tenían que volver a casa. Cuando llegó la graduación, el mazo de fichas bibliográficas tenía dos pies de altura y había que cargarlo en una bolsa especial. Pero al principio, la mayoría de esas 1,001 tarjetas estaban en blanco. En aquella época, Sasha se llamaba Luke y usaba el pronombre *él*.

En la secundaria, Sasha era inteligente, tímide e introvertide: el tipo de persona que es fácil pasar por alto. Su padre, Karl, se refiere a esta cualidad como la "capa de invisibilidad" de Sasha.

—Se mezcla con el entorno —explica—. Siempre ha sido ese tipo de persona: nadie sabe siquiera que está presente.

Sasha no parecía necesitar mucho de otros y, de hecho, a menudo decía que el mundo estaría mejor sin seres humanos. El mundo que tenía en su cabeza ya era lo bastante fascinante. Pensaba mucho en números, en formas y en el tamaño del universo. Trazaba mapas imaginarios del metro y resolvía problemas de matemáticas en un pizarrón que su familia tenía en el desayunador. Le interesaban el espacio, los Legos, los trenes, los antiguos griegos y se percataba de cosas que pasaban inadvertidas para la mayoría de las personas, como los sutiles matices del verde de una hoja o las formas geométricas de una escultura. Le encantaban los gatos y tenía el hábito de maullar. Sasha no sabía si era por el Asperger porque, desde luego, nunca vivió sin Asperger. La única mente que conocía bien era la suya.

En sexto grado, empezó a asistir a una escuelita Montessori K-8, con unos veinticinco chicos en cada grupo. Estaba en uno de edad mixta, formado por estudiantes de cuarto, quinto y sexto grado. Ese año solo había otra persona nueva: una chica de quinto con mejillas de manzana, llamada Samantha, que logró ver a través de la capa de invisibilidad de Sasha y descubrió un espíritu afín.

Samantha era una cabeza más alta que Sasha. Tenía cabello rubio y enmarañado, piel de marfil que se sonrojaba con facilidad y usaba lentes con marco de metal. Su familia se mudaba con frecuencia y, a sus diez años, ya había vivido en cinco estados y asistido a seis escuelas distintas, pero nunca había tenido un mejor amigo. Estaba acostumbrada a ser una marginada y a sentirse, al mismo tiempo, más inteligente y más tonta que los demás. Su papá era nanotecnólogo y tenía su laboratorio en el sótano de la casa. Llevaba toda la vida dándole lo que él llamaba "tarea de papá" y a Samantha siempre le había gustado demostrar su inteligencia. Sin embargo, nunca lograba aprender las reglas que seguían los demás niños, las reglas que definían cómo deberían hablar, qué aspecto deberían tener y qué cosas debían interesarles. Las reglas que definían cuándo tanta inteligencia era *demasiado*.

Samantha notó que Sasha escribía su nombre en sus tareas con letras griegas. Notó que a Sasha le encantaban las matemáticas, los disfraces y los mundos imaginarios. Notó la pasión con que Sasha abordaba todo: su convicción de que los antiguos griegos eran mejores que los romanos, que la numeración duodecimal era mejor que la decimal y que los gatos eran mejores que los perros. Notó las largas pestañas de Sasha, su cabello castaño y rizado que le llegaba a los hombros.

—Le gusto a Samantha —le dijo Sasha a Karl, con una especie de interés antropológico.

Y era cierto. No tardaron mucho en volverse inseparables. Sasha adoptó la forma de hablar de Samantha. Exclamaba "*¡Fail!*" cuando algo era patético y "*¡Lol!*" cuando algo era gracioso. Jugaban Dungeons & Dragons, pero dejaban el dado de doce caras en el piso para inventar sus propias batallas mágicas. Adoptaron crías invisibles de dragón: el de Sasha se llamaba Cinnamon y el de Samantha, Pendragon. Inventaron estúpidos programas de televisión y soltaban un torrente de banalidades mientras intentaban superar las estupideces de la otra persona. Tan profunda era su amistad que Samantha sentía que era como si Sasha estuviera dentro de su cabeza y pensara sus pensamientos antes que ella misma.

Como era de esperarse, esa intimidad llamó la atención de sus compañeros de clase. Hasta donde todos sabían, Samantha era niña y Sasha era niño. Las burlas eran implacables. Todos querían saber si eran novios, si se B-E-S-A-B-A-N (no lo eran, no lo hacían). Eso enfurecía a Samantha. Una vez agarró a una compañera por el brazo, gritando: "*¡Deja de burlarte de nosotros!*". Sus dedos acertaron en un punto de presión y la niña gritó de dolor. Samantha se sintió horrible. Pero, aun así, ¿por qué no les dejaban en paz?

Eso era parte de esa desconcertante sensación que tenía desde hacía años: la sensación de que a todos, excepto a ella, les habían dado un manual de instrucciones. Samantha sabía que era importante ser linda y adorable, pero no tenía ni idea de cómo serlo ni de por qué se suponía que debía desearlo. Su cuerpo empezó a desarrollar curvas. Le brotaron pechos como dos balas de cañón, pero no se sentían sensuales, solo pesados. Los ocultaba bajo camisetas holgadas y sudaderas, mientras contemplaba a otras chicas que iban a la escuela con faldas cortas y blusas de tirantes, y se preguntaba por qué todo le costaba más trabajo que a ellas.

—Dime cómo ser popular —le rogó a una de las chicas con blusas de tirantes.

La expresión de la chica (los ojos bajos y la forma en que miró a su alrededor, buscando un escape) bastó para que Samantha supiera que la pregunta había sido un error. "Si tienes que preguntar, está fuera de tu alcance".

Algo estaba mal en ella, muy mal. Estaba enojada. Estaba triste. Tenía miedo. Quería morir. En sexto grado, dijo eso en clase. Su maestro se lo contó a sus padres, que la llevaron a terapia.

Un día, Samantha le habló a la terapeuta sobre un video que había visto en YouTube: dos muchachas de pie, espalda contra espalda, recitaban un poema titulado "Hir". Alternándose en el micrófono, daban voz a una chica llamada Melissa y su chico interior, llamado James.

"A veces ella quisiera arrancarse la piel
de la espalda,
cada momento de cada día se siente atrapada
en la carne de un extraño".

Al ver el video, Samantha sintió que algo resonaba en su interior: una campana que vibraba al unísono con las palabras. Antes de la pubertad, su cuerpo físico no parecía tener mucho que ver con quien ella era. La gente solía confundirla con un niño, pero ella estaba orgullosa de ser niña. Ahora, ser chica era como estar embutida en un disfraz pesado y sofocante. Apenas podía respirar. Las reglas del universo eran fijas: tienes cierto aspecto, así debes comportarte de cierta manera y la gente te tratará de acuerdo con ello. No había forma de alterarlo.

—Creo que tal vez soy… ¿transgénero? —le susurró a su terapeuta la semana siguiente.

—Creo que no sabes lo que significa *transgénero* —respondió la terapeuta.

La campana que había estado resonando en su interior calló.

"Ella es la experta", pensó Samantha.

Pasaría un año más antes de que se lo dijera a otra persona.

GRAN TURISMO 2

Sasha y Samantha estaban jugando *Gran Turismo 2* en el sótano de Sasha. Samantha estaba en séptimo grado y Sasha en octavo.

Samantha tomó aliento.

—Tengo algo muy importante que decirte.

Los ojos de Sasha estaban fijos en la pantalla, donde sus dos autos competían.

—¿Qué?

—Soy transgénero.

Samantha le contó a Sasha cómo se sentía y la respuesta que le había dado la terapeuta el año anterior.

—Tú eres la única persona que sabe lo que sientes —dijo Sasha—. Si esa es la palabra para lo que sientes, quédate con ella. Ahora, ¿qué era lo importante que tenías que decirme?

Cinco años después, un apuesto muchacho con mejillas de manzana llamado Andrew, recordaría esa conversación como uno de los momentos más reivindicativos de su vida.

—No es que esperara que Sasha reaccionara mal, porque sé que Sasha es sin duda una de las personas más listas que he conocido y también una de las más gentiles —diría—. Pero se sintió muy bien arriesgarme así y que todo saliera bien.

En séptimo grado, Andrew casi nunca volvió a hablar de género con Sasha después de esa conversación. Le tomó un año decirle a sus padres. Por un tiempo, se convenció de que sería bueno ser chica y de que ser trans implicaría vivir una vida demasiado difícil. Cuando Sasha estaba en noveno grado, fue con Andrew a la graduación de Maybeck. Andrew llevó un vestido verde botella, los labios pintados de rojo sangre y el cabello teñido de naranja cobrizo, pero era solo un disfraz: el vestido, el lápiz labial, el cabello, el cuerpo. Para cuando entró a la preparatoria, en otoño, Andrew ya había empezado su transición de género.

¿CÓMO SABES CUÁL ES TU GÉNERO?

Sasha y Andrew estaban en el cuarto de Sasha. Era el invierno de 2012. Sasha estudiaba el segundo año en la Preparatoria Maybeck y Andrew el primer año en una preparatoria pública cercana. Sasha estaba en su computadora, enseñándole a Andrew los pormenores del juego de mesa Diplomacy.

—¿Andrew? —dijo Sasha—. No sé si esto es grosero o no, pero me preguntaba cómo te diste cuenta de que eres chico.

—Solo sabía que no era chica —explicó Andrew—. Solo sabía que eso no era lo que soy, en absoluto.

Andrew acababa de estar hospitalizado después de tener pensamientos suicidas. Aunque había entrado a la preparatoria como chico, el que fuera trans era tema de constantes rumores y chismes. En la escuela, la gente se le acercaba y decía cosas molestas y sin sentido, como "me contaron que te hiciste un trasplante de sexo". Luego su madre sufrió un episodio psicótico, su abuelo murió y fueron demasiados sucesos al mismo tiempo. Ahora, mientras Sasha le explicaba que también estaba cuestionándose su género, Andrew sintió una oleada de alivio semejante a la que había sentido cuando le contó a Sasha por primera vez.

—El hecho de que alguien como Sasha, a quien tanto respetaba, también estuviera pasando por esto... Fue otro momento de "gracias a Dios" —recordó Andrew tiempo después—. O sea, no soy una persona tan rara.

Sin embargo, no todos tenían la misma reacción. Para mucha gente, la pregunta era un poco extraña.

—Solo lo sé —dijo Karl, el padre de Sasha, cuando Sasha le preguntó cómo sabía que era hombre—. Es lo que soy.

La mayoría de las personas decía lo mismo, simplemente *sabían*. Ya fuera que el aspecto de su cuerpo concordara con el género en su mente o no, había un entendimiento fundamental: mi identidad es *esta*.

Pero Sasha no se sentía así. No tenía una sensación fuerte de *esto es lo que soy*. No tenía una sensación fuerte de *esto es lo que no soy*. Otras personas parecían tener un archivo etiquetado como *Género* en su cerebro. Sasha buscó el archivo en el suyo, pero al parecer no estaba ahí.

¿Qué significaba eso, pues? La idea de no tener género no asustaba a Sasha, pero tampoco le producía alivio.

"Tal vez es solo una fase", pensó. "Tal vez estoy dándole demasiadas vueltas".

Pero tal vez no. Tal vez la pregunta era, en cierto modo, su propia respuesta. Tal vez el lugar intermedio era un lugar real.

—Para mí, al menos, ser *genderqueer* ya incluye un aspecto de cuestionamiento —explicaba Sasha—. El hecho de que estaba cuestionando mi género significaba que era *genderqueer*.

Aun así, Sasha siguió indagando. En Facebook, publicó una actualización en la que preguntaba: "*¿Cuáles son sus pronombres de preferencia?*".

—Su Alteza —bromeó Karl, pero luego le preguntó a Sasha qué quería decir la pregunta.

Sasha explicó que había otras opciones además de *él* y *ella*: opciones como *ello*, *elle* o pronombres de género neutro de invención más reciente como *ne*, *ve* y *za* o *xe*. Al oírle hablar, Karl entendió que Sasha había estado pensando mucho en el tema.

Poco después, Sasha estaba hablando con sus padres sobre una persona que había conocido en línea, la cual se identificaba como *genderqueer*.

—¿Y tú eres *genderqueer*? —preguntó Debbie, su madre.

—Sí —respondió Sasha.

Esa fue toda la conversación. Pero esa noche, Sasha publicó en Google+: "Acabo de decirles a mis padres que soy *genderqueer*. Básicamente, no me identifico como masculino ni femenina".

Al leer la publicación y los comentarios de felicitación que la siguieron, Debbie y Karl no sabían qué pensar. Al parecer acababa de ocurrir algo importante, pero no estaban muy seguros de qué.

¿Qué rayos significaba *genderqueer*?

Debbie y Karl siempre habían tenido una buena relación con Sasha. Como familia, bromeaban mucho, pero también hablaban en serio de los temas que importaban. Y estaba claro que ese asunto del género le importaba mucho a Sasha. Solo les costaba entender por qué. ¿Era un asunto de sexo? ¿De amor? ¿De cambiar su cuerpo?

—Estoy tratando de entender —dijo Debbie dos años después de esa primera conversación—. Entiendo salir del clóset como gay, o incluso trans, pero esto me cuesta más trabajo.

Ella y Karl están sentados en el sofá color vino de su sala, enmarcados por la ventana en voladizo a sus espaldas. Viven en un acogedor bungaló en el distrito de Glenview, en Oakland, más o menos a una milla de la Preparatoria Oakland. Debbie, contadora en una escuela primaria privada, tiene un rostro ágil y expresivo, enmarcado por una cabellera rubia que le llega a la barbilla. Gesticula mucho, con ademanes muy divertidos. Karl es más tímido y callado. Solía ser DJ de una radio universitaria, pero ahora se dedica a ser maestro de preescolar en una escuela pública, tiene una actitud gentil y considerada, sazonada con una fina ironía. Tiene el cabello entrecano y corto, y lleva una pulsera arcoíris en una muñeca.

Después de que Sasha anunciara que era *genderqueer*, la mente de Debbie no dejaba de centrarse en el aspecto sexual. ¿Con quién quería acostarse Sasha? Le pidió que lo aclarara.

—¿Quién te atrae? ¿Tienes sentimientos sexuales hacia los hombres?

Pero para Sasha, no se trataba de eso. De hecho, no le interesaba tener relaciones sexuales con nadie. Y, de todos modos, términos como *homosexual* o *heterosexual* no tenían sentido para alguien que no se identificaba con uno u otro género.

La mayoría de nosotros concebimos la sexualidad y el romance como una gran maraña interconectada de sentimientos: esto es lo que soy, esto es lo que me atrae, esto es lo que amo. Pero al empezar a explorar el tema en internet, Sasha descubrió que algunas personas habían desarrollado el lenguaje necesario para separar esta maraña en hebras individuales.

En estas conversaciones en línea, la palabra *sexo* se refería puramente a la biología: los cromosomas, órganos y anatomía para definir al macho y la hembra desde fuera. *Género* era la palabra para lo que las personas sentían con respecto a sí mismas, como se sentían *por dentro*. *Orientación sexual* era la categoría para lo que les atraía físicamente. *Romance* era la categoría para hablar de quienes les atraía sentimentalmente. Además, había toda una gama de distinciones dentro de cada categoría. Era como un menú gigante, con columnas y más columnas de opciones.

GÉNERO, SEXO, ORIENTACIÓN, ROMANCE: ALGUNOS TÉRMINOS

Puesto que el lenguaje evoluciona con rapidez y dado que diferentes personas tienen distintas preferencias, siempre se deben adoptar los términos que cada individuo usa para sí misme, aunque difiera de lo que aquí se muestra.

TÉRMINOS PARA EL GÉNERO Y EL SEXO

agénero/neutros — No se identifica con ningún género.

andrógino — Se identifica como un tercer género que combina características masculinas y femeninas.

bigénero/género fluido — A veces se identifica como masculino y a veces como femenina.

cis/cisgénero — Lo opuesto a transgénero; su género coincide con su sexo de nacimiento.

cuestionando su género — No tiene certeza de dónde se ubica en el espectro de género.

genderqueer/**género no binario** — Su identidad de género no encaja por completo en las categorías de hombre y mujer.

intersexual — Persona nacida con anatomía sexual, órganos o cromosomas que no encajan en las definiciones típicas de hombre y mujer. Reemplaza al término *hermafrodita*, obsoleto y ofensivo.

trans/transgénero — Siente que su género es distinto al de su sexo de nacimiento, haya o no haya cambiado físicamente su cuerpo o su presentación externa. Un hombre transgénero es alguien que actualmente se identifica como hombre. Una mujer transgénero es alguien que actualmente se identifica como mujer.

TÉRMINOS PARA LA ORIENTACIÓN SEXUAL

asexual — No siente atracción física por nadie.

bisexual — Siente atracción física tanto por los hombres como por las mujeres.

cupiosexual — No siente atracción física, pero aun así le interesa el sexo.

grisexual — En general no siente atracción física, pero ocasionalmente sí.

heterosexual — Siente atracción física por personas del sexo opuesto.

homosexual — Siente atracción física por personas de su mismo sexo.

pansexual — Siente atracción física por personas de todo el espectro de género.

TÉRMINOS PARA LA INCLINACIÓN ROMÁNTICA

arromántico/a/e — No siente atracción romántica por nadie.

birromántico/a/e —Siente atracción romántica tanto por los hombres como por las mujeres.

cupiorromántico/a/e — No siente atracción romántica, pero aun así le interesa el romance.

heterorromántico/a/e — Siente atracción romántica por personas del sexo opuesto.

homorromántico/a/e — Siente atracción romántica por personas del mismo sexo.

panromántico/a/e — Siente atracción romántica por personas de todo el espectro de género.

quoirromántico/a/e — No diferencia entre amor romántico y platónico.

Al final, estos fueron los términos que Sasha consideró que mejor le describían:

Agénero.
Grisexual-cupiosexual.
Quoirromántique.
Y también, vegane.

CONVIRTIÉNDOSE EN SASHA

Descubrir la existencia de la identidad *gender-queer* fue como descubrir una habitación secreta. Hasta ahora solo habían existido dos habitaciones: la femenina y la masculina, pero resultaba que había una más y podías amueblarla como quisieras. Mientras más tiempo pasaba Sasha en esa habitación, más cómoda le resultaba. Pero la persona que vivía ahí seguía teniendo nombre de chico: Luke. Para la segunda mitad de su segundo año de preparatoria, estaba claro que ese nombre ya no le quedaba.

Una tarde, cuando Andrew estaba en casa de Sasha, comenzaron a buscar nombres unisex en Wikipedia.

Jamie. Shannon. Taylor.

Fran. Jackie. Kris. Bobby.

Kai. Parker. Quinn.

Sasha.

Sasha era el diminutivo ruso tanto para Alexandra como para Alexander, que era el segundo nombre de Sasha. Además, tenía una obsesión con todo lo ruso, así que el nombre era perfecto.

Gradualmente, les pidió a sus padres y amistades cercanas que le llamaran Sasha, en vez de Luke. Esa primavera, escribió un artículo para el fanzine escolar de Maybeck, *La piña*, sobre su exploración del género. Firmó con su nuevo nombre.

La mayoría de las personas en la escuela no tenían idea de quién era ese tal Sasha. Sin embargo, cuando el alumnado y el personal conectaron a Sasha con la persona antes conocida como Luke, absorbieron la información sin mayores comentarios.

—En realidad no fue un drama —recuerda Michael—. Solo fue un cambio.

Ian tiene dos mamás, así que se siente bastante cómodo con los asuntos LGBTQ. Recuerda que su proceso mental fue así: "Okey, no es hombre. Okey, no es mujer. Entonces, ¿no es ninguna de esas cosas? Okey".

—Ese fue el proceso y me tomó unos diez segundos —dice—. Luego terminó.

—Simplemente acepté el hecho de que Sasha era agénero —dice Teah—. Me parece que fue mi primera experiencia así, pero fui criada por hippies.

En otra escuela, un estudiante que se saliera de las categorías de género habituales quizá habría suscitado chismes o debates, o al menos unas cuantas cejas alzadas. Pero el reducido cuerpo estudiantil de Maybeck ya incluía a une estudiante agénero y a dos transgéneros.

—Varias personas salían del clóset y tú decías: "okey, son esto y ahora usan este nombre y este pronombre" —comentaba la amiga de Sasha, Carrie—. O sea, no a todos se les daba bien entenderlo, pero a los que eran amigos de gente trans sí.

Las amistades que hacían el esfuerzo de referirse a Sasha correctamente le dieron la confianza para corregir a sus conocidos que no lo hacían. Y, cada vez más, el pronombre *él* le parecía inadecuado.

—No quiero que la gente piense en mí como un *él*. Cuando dicen *él*, no solo refuerzan en su cerebro la idea de que soy un *él*, sino también en el cerebro de quienes lo escuchan —explicaba—. En realidad, escucharlo no me afecta directamente. pero me queda una sensación de: "¿Eh?, eso no es correcto". Y cuando las personas usan el pronombre correcto, cuando usan *elle* o algún otro pronombre de género neutro, siento la reivindicación de las palabras.

Añadieron al mazo de fichas bibliográficas una tarjeta que decía "Luke … Sasha … Persona". La instrucción de la tarjeta era: "Si alguien llama a Sasha con el nombre incorrecto, esa persona debe descartar una tarjeta de su mano".

BAÑOS

A veces, de pie en la gasolinera, Debbie pensaba que todo ese asunto del género no binario era un dolor de cabeza. Era el Día de Acción de Gracias de 2012, el tercer año de Sasha en la preparatoria. Debbie, Karl y Sasha viajaban en auto al sur de California para pasar el día festivo con la hermana de Debbie. Tras un par de horas de viaje, Sasha pidió que pararan para ir al baño. Por eso estaban detenidos en una gasolinería a un lado de la Interestatal 5. Después de inspeccionar las dos opciones —Hombres y Mujeres—, Sasha regresó al auto.

—No hay baño para mí —dijo mientras subía al asiento trasero.

Debbie estaba furiosa. ¿De verdad Sasha iba a ir así por la vida, con la vejiga a punto de reventar?

—Eso no es sano —dijo, echando humo—. No siempre va a haber un baño disponible para ti. Tienes que ser más flexible.

Pero Sasha no cedió. Se aguantó las ganas el resto del viaje de seis horas.

A veces era difícil ver a Sasha moverse en un mundo que ni siquiera tenía una categoría para elle. Ocasionalmente, Debbie deseaba que Sasha se relajara un poco; por ejemplo, que resistiera el impulso de corregir a los parientes bienintencionados que le llamaban *él* en vez de *elle*. Pero, como señaló Karl, todo aquello también era maravilloso. Sabiendo lo tímide que era Sasha, admiraba su nueva disposición a hacerse oír, a destacar, a ser visible.

—Me pregunto si, de no haber estado Sasha en una escuela donde las alternativas a la norma eran parte de la cultura y se aceptaban, habría batallado más para descubrir dónde encajaba en el esquema de las cosas —dijo Karl—. Parece que este descubrimiento le ha ayudado mucho a ser elle misme.

BAÑOS, OTRA VEZ

A lo largo del siguiente año, Sasha encontró una forma de lidiar con el problema de los baños.

En Maybeck, usaba el baño del personal.

En el mundo exterior, usaba el baño que tuviera la fila más corta, el que le quedara más cerca o el que llamara menos la atención.

Si tenía que usar el baño varias veces en un mismo lugar, alternaba. A nadie parecía importarle qué baño usara y, si les importaba, Sasha no se daba cuenta.

FALDAS

Sasha usó falda por primera vez durante el segundo año de la preparatoria, en el día de travestismo anual en Maybeck. Eso fue antes de que empezara a hablar sobre género, cuando vestirse del género opuesto era solo una broma en la que todos en la escuela participaban sin importar su orientación, ataviados con atuendos masculinos o femeninos exagerados. Sasha tomó prestada una falda de su amiga Carrie, que vivía en su vecindario. Lo que le impresionó fue lo cómodo que era usarla.

En enero de 2013, cuando Sasha estaba en tercer año, volvió a recurrir a Carrie.

—No tengo ropa femenina —se quejó. Hacía ya casi un año que Sasha se identificaba como agénero, pero seguía vistiéndose igual que siempre: como chico.

—Yo tengo *un montón* de ropa femenina —respondió Carrie—. ¡Demasiada!

Llevó a la escuela una bolsa llena de ropa usada, sobre todo faldas que había usado en la secundaria. Sasha se puso a revisarlas y, después de probarse unas cuantas en el baño, escogió tres para llevarse a casa. Excepto en un viaje escolar a China, nunca volvió a usar pantalones.

Hasta entonces, el estilo de Sasha había tendido hacia el *steampunk*: sombreros de copa y ropa de *tweed*, chalecos, corbatas de moño e incluso un reloj de bolsillo y un par de anteojos de piloto. Le gustaba la mezcolanza de géneros que resultaba cuando añadía una falda a ese conjunto: masculino arriba, femenina abajo. A veces, no se molestaba en ponerse elegante y simplemente combinaba una de las faldas viejas de Carrie con una camiseta y medias hasta la rodilla.

Aunque los atuendos no eran demasiado llamativos, ponían nerviosa a Debbie. Sabía que Sasha estaría bien en la escuela. Si acaso, las faldas le daban cierta distinción en Maybeck, donde lo inusual era una ventaja. Lo que le preocupaba era el autobús. Usar faldas significaba que Sasha se despojaría de su capa de invisibilidad. Ahora no solo era visible, sino notorie y, fuera de la protección de la Preparatoria Maybeck, llamar la atención no siempre era buena idea.

Las personas transgénero son víctimas de extraordinarios niveles de violencia. Una de cada cuatro personas transgénero ha experimentado un ataque motivado por el prejuicio. Las cifras aumentan cuando se trata de mujeres trans, personas trans de color y personas que no se identifican como hombres ni como mujeres. De 860 personas no binarias que respondieron la Encuesta Nacional de Discriminación Transgénero en 2008, 32 por ciento habían sufrido un ataque físico.

—¿Alguien te molestó? —preguntaba Debbie cuando Sasha regresaba de la escuela.

La respuesta siempre era no: "No, está bien. Voy a estar bien".

Un día, en una parada de autobús, una mujer mayor se le acercó a Sasha.

—¿Por qué usas falda? —le preguntó—. ¡No eres niña!

—Uso falda porque me gusta usar faldas —respondió Sasha.

Eso había sido lo peor hasta el momento: una sola pregunta hostil de una mujer lo bastante vieja como para ser su abuela.

Aun así, Debbie se preocupaba.

Karl había salido a correr en la avenida Hillegass, una calle residencial cerca de la frontera entre Oakland y Berkeley. Eran finales de noviembre de 1987. Tenía poco más de veinte años, estaba soltero y trabajaba en un café de la zona. Mientras corría, aromas fugitivos pasaban por su nariz: hojas de roble, neblina, jazmín, escapes de autos, brisa marina, su propio sudor. Estaba perdido en el *staccato* de sus pisadas sobre el pavimento, el resoplido de su aliento, el metrónomo de su corazón.

—¡Oye, me gustan tus piernas!

Una camioneta bajó la velocidad a sus espaldas.

Ahora su corazón sonaba más fuerte; su pecho era un megáfono. Miró de reojo: tres tipos jóvenes en una camioneta.

Uno sacó la cabeza por la ventanilla.

—Déjame chuparte la verga.

La adrenalina corrió por las venas de Karl. Con piernas presurosas, dio vuelta en la concurrida avenida Alcatraz. La camioneta lo siguió. Karl dio media vuelta y corrió de regreso a Hillegass, con los latidos de su corazón marcando el ritmo de las palabras de su desconcierto: "¿Qué quieren de mí?".

Sus perseguidores aceleraron en reversa, pasaron a su lado y luego bajaron la velocidad para que uno de ellos se bajara. Karl echó a correr por una calle lateral. La camioneta volvió a acelerar hacia adelante para seguirlo.

La camiseta de Karl se había humedecido con una mezcla de diferentes tipos de sudor: calor, esfuerzo, miedo. La adrenalina lo empujaba calle abajo.

Entonces, la camioneta frenó justo delante de él. El conductor se bajó, bloqueando la acera.

—Oye, ¿por qué no nos hablas?

Karl se detuvo a media zancada. Una alarma retumbó en sus oídos.

—Porque estoy ocupado —respondió con voz ahogada.

Ni siquiera oyó al segundo tipo que se le acercó por detrás.

Cuando volvió en sí, estaba tirado en la acera dentro de un círculo de transeúntes preocupados, le dolían la cabeza y la cara. La policía venía en camino. Sus atacantes habían desaparecido.

Esa tarde, escribió sobre el incidente en su diario. "Muy extraño", comentó. No se molestó en reflexionar sobre por qué lo habían elegido ni por qué habían creído que era gay. Solo fue algo arbitrario. Un hecho aislado. No era probable que se repitiera.

En Maybeck se celebran reuniones escolares todos los miércoles en el santuario de la iglesia presbiteriana de la planta baja. Los estudiantes se despatarran en los bancos para oír números musicales, hacer anuncios y a veces escuchar a algún orador invitado. Un día, en marzo de su tercer año, Sasha subió al escenario semicircular y anunció tres cosas:

1. Soy Sasha y me identifico como agénero.
2. Es importante respetar los pronombres de las personas y, si no sabes cuáles son, debes preguntar.
3. Voy a hacer una petición para que la Casa Blanca reconozca el género no binario.

Cualquier persona puede lanzar una petición en el sitio web We the People en Whitehouse.gov para solicitar que el gobierno federal atienda un problema o cambie una política. Si una petición reúne suficientes firmas en un periodo de treinta días, la Casa Blanca emitirá una respuesta oficial. La petición de Sasha decía así:

Los documentos legales en Estados Unidos solo reconocen "hombre" y "mujer" como géneros, por lo que cualquiera que no se identifique con ninguno de estas dos categorías se queda sin opciones. Australia y Nueva Zelanda permiten una X en vez de M o F en sus pasaportes para este fin y el Reino Unido reconoce "Mx" (se pronuncia "Mix") como título de género neutro.

La presente petición solicita a la administración de Obama que otorgue reconocimiento legal a géneros fuera del sistema binario hombre-mujer y proporcione una opción para estos géneros en todos los documentos y registros legales.

Para sorpresa de Sasha, la petición reunió más de 27,000 firmas. Eso habría bastado para recibir una respuesta oficial de la Casa Blanca, de no ser por una petición que había circulado unos meses antes y que solicitaba a la Casa Blanca la construcción de una Estrella de la Muerte como la de la película *La guerra de las galaxias*. Después de que la petición de la Estrella de la Muerte reuniera más de 34,000 firmas, la Casa Blanca elevó el número de firmas necesarias para una respuesta oficial de 25,000 a 100,000.

Aun así, 27,000 firmas no estaban nada mal.

—Fueron 27,000 personas las que leyeron las palabras que *yo* escribí y estuvieron de acuerdo con lo que pedía —dijo Sasha—. Eso me hizo sentir muy bien.

PORTAPAPELES

Al final del año escolar, Sasha fue a la Escuela Primaria Sequoia, donde Karl trabajaba, para ayudar a despejar su salón de preescolar para el verano. Mientras guardaban libros y carpetas en cajas y despegaban palabras de la pared, Sasha notó el par de portapapeles que los padres usaban para registrar la salida de sus hijos al final del día. Uno estaba etiquetado como *Niñas*. El otro decía *Niños*.

—¿Qué hay de les niñes que no son ninguna de esas cosas? —preguntó Sasha—. ¿En qué tablilla van?

—Solo es un tema de logística —le explicó Karl—. Quiero tener un portapapeles a cada lado de la puerta para que no se forme una fila muy larga. Así es más fácil. —No podía imaginar que a los niños de preescolar les importara el género.

En agosto, cuando Karl regresó a su salón de clases para prepararlo para el año escolar, sacó los portapapeles de la caja donde Sasha los había guardado. Mientras los colgaba de sus ganchos junto a la puerta, recordó la observación de Sasha. ¿De verdad sería tan difícil usar otro tipo de clasificación? Con un marcador negro, escribió nuevas etiquetas para: *A-M* y *N-Z*. Concluyó que era un cambio pequeño y bastante fácil.

Tres años después, en el salón de Karl había un niño al que a veces le gustaba disfrazarse de princesa y una niña que decía que tal vez algún día sería niño.

—Resultó que Sasha tenía razón —dijo Karl—. A los niños de preescolar no les gusta que los encasillen.

"El mejor día". Era una expresión típica de Sasha. "*¡Fue el mejor día de mi vida!*". Si tienes muchas obsesiones, muchas cosas que te encantan, tus oportunidades de tener el mejor día aumentan. En una visita al Instituto Tecnológico de Massachusetts, en Cambridge, el verano antes de su último año de preparatoria, Sasha conoció en un andén del metro a otro fan de *Homestuck*, un webcómic de trama compleja. La persona elogió la falda de Sasha y le dijo: "Yo traería puesta la mía, pero está en la lavadora". Intercambiaron URLs de Tumblr.

El. Mejor. Día.

Por el metro. Por Cambridge. Por *Homestuck*. Por Tumblr. Por la falda.

CÓDIGO DE VESTIMENTA

Lisas o con volantes,
ceñidas en la cintura,
plisadas, tejidas,
con o sin estampado.

En la secundaria El Camino Real
en 1968, las chicas usaban faldas o
las mandaban a casa.

"*¡Pantalones! ¡Pantalones!*
¡Dejen que las chicas usen pantalones!".
Debbie y sus amigas se alzaron
sobre dos piernas envueltas en tela
y ganaron.

Aun así, había reglas.
Nada de *jeans*. Nada de minifaldas.
Una vez, Debbie se hizo un vestido
con una colcha india:
cuello alto, estampado de cachemir

medio hippie y medio abuelita.
La escuela la mandó a su casa.
Esa falda amplia y con volantes, dijeron,
era
demasiado larga.

SASHA Y NEMO

El aviso de evacuación se produjo una hora después de que los estudiantes de Maybeck llegaran a Yosemite para el campamento anual de la escuela. Era agosto de 2013, justo antes del inicio del último año de preparatoria de Sasha. El Rim Fire, el tercer incendio forestal más grande en la historia de California, se aproximaba al campamento cerca de Groveland, tiñendo el cielo de un anaranjado ahumado. Sasha subió a la parte de atrás de un camión parecido a los de mudanzas, con Nemo, que era un año menor. El camión estaba apretado, caluroso y sin aire.

—Se podría decir que nos morimos —explicó Nemo.

—No nos morimos *de verdad* —dijo Sasha.

—Les dos estábamos enloqueciendo —dijo Nemo—. Esa fue nuestra primera cita.

Hablaban con el cineasta Lonny Shavelson, que estaba filmando un documental sobre el género no binario titulado *Three to Infinity*. Nemo se identifica como persona de género fluido.

—Para mí, *género fluido* significa que tengo el potencial de ser cualquier cosa, cualquier género en cualquier momento

—explicó Nemo—. Puedo ser hombre, mujer, masculino, femenina, ninguno, ambos.

Al igual que Sasha, Nemo usa el pronombre *elle*.

Sasha y Nemo se conocían del Club Queer de la escuela y habían ido a ver *Los miserables* juntes el año anterior. Después de su calvario en la parte de atrás del camión de evacuación, su relación cambió, aunque no sabían exactamente cómo definirla. Ambes eran adolescentes tímides y torpes, y se miraban entre sí más que a la cámara. Hicieron su mejor esfuerzo por explicarse.

—Nuestra relación es… —dijo Sasha.

—Confusa —terminó Nemo.

—Es una relación platónica —dijo Sasha—, pero con elementos que otras personas podrían considerar románticos.

—Abrazos, besos en las mejillas y así —añadió Nemo—. Pero no es romántico y tampoco es sexual. Es como si agarraras una relación normal y en vez de besos, pusieras abrazos y, en vez de "te amo", dijeras "eres increíble".

—Soy arromántique —explicó Sasha—. Así que en realidad no tengo relaciones románticas.

—Y yo soy asexual, así que no tengo relaciones sexuales —dijo Nemo.

—Nuestra relación como que surgió completamente formada en ese campamento o en esa evacuación —añadió Sasha—. Sencillamente, sucedió. Fue algo así como: "Sí, esto es. Así es como funciona". Como que nos estabilizamos entre nosotres o nos complementamos.

En *Homestuck*, eso se llama *moirail*. La persona más importante. Un alma gemela, tal vez, pero no en el sentido romántico. El hecho de que ambes se identificaban como no binaries no era la razón de que fueran pareja, solo era una cosa más que tenían en común.

PARTE 2

RICHARD

LIBRO DE CARAS

(Fotos de Richard publicadas en Facebook)

Sonriendo junto a la risa
y los ojos entrecerrados de su primo.

Serio, con lentes
de carey de señora.

A los catorce, con un gorro tejido:
cara redonda, ojos brillantes.

A los dieciséis: mandíbula floja, cejas alzadas,
con gesto que pregunta: "*¿Qué?*".

Con ojos tiernos en un sofá,
con su hermano menor acurrucado en su pecho.

De pie con Skeet, las espaldas rectas,
las barbillas en alto, como dos gotas de agua.

Y más tarde, junto a una foto de Skeet,
con un pañuelo en la cabeza como homenaje.

Selfie en el espejo: la mano metida
en la cintura del pantalón, sin alzar la mirada.

Nada de eso capta
cómo se ve cuando conversa

cómo sus ojos se fijan en los tuyos,
viendo cómo lo ves.

Su propio poder secreto:
esa atención.

PRIMER DÍA

El olor del desinfectante de pino y limón
sobre pisos recién trapeados,
de *jeans* nuevos con fragancia química,
viruta de lápiz, sudor, grasa de freidora,
desodorante en aerosol, baños hediondos, humo
de hierba, mal aliento matutino.
El olor de la presión salada de cuerpos que van de una clase
a otra,
de calcetines de pies de sangre de huesos
de abrirte camino por pasillos y escaleras
hasta un salón lleno de caras sin nombre.
Ese olor es el borrador acre que limpia
el pizarrón, así que
ignora los garabatos fantasmas del año pasado
que siguen ahí, que todavía se ven.

UN VIEJO AMIGO

Cherie no podía creerlo cuando vio a Richard en la Preparatoria Oakland.

—¡Dios mío! —exclamó mientras lo abrazaba.

Ambos habían crecido en el mismo edificio de apartamentos sobre la avenida Ochenta y Siete, un edificio de dos pisos con estuco *beige* y, al frente, un par de pinos californianos azotados por el viento. En noveno grado eran inseparables, aunque fuesen a escuelas diferentes. Ahora estaban en tercero de preparatoria y no se habían visto en más de un año.

Había sido un año terrible para los dos. Todavía estaban rotos y tal vez jamás se recuperarían, pero qué *bueno* era volver a verse. Aun deprimida y dolida, Cherie brillaba. Era graciosa, pícara y tan bonita que robaba miradas con su piel morena, largo cabello lacio y nariz respingada y perforada. Richard también era guapo: cara redonda y ojos castaños, con una forma de sostener la mirada que te hacía sentir el centro del mundo. Tenía la piel tan clara que la gente a menudo suponía que era birracial y actuaba como si fuera más joven de lo que era: *hyphy* ("híper", de "hiperactivo"), como dicen en Oakland. Siempre sonriente, siempre bromista, siempre tonteando, fuera o no fuera buen momento.

—Incluso cuando no quieres que te moleste, él sigue hablando, sigue jugando hasta que lo insultas y aún así, sigue riéndose —dice Cherie—. Le gusta la atención. Le gusta fastidiar. Le gusta pegarte jugando, pelear jugando. Siempre termino en plan de: "¡Déjame en paz, por Dios!".

Con los desconocidos era callado, siempre alerta; se fundía con el entorno hasta quedar reducido a un par de ojos castaños que observaban todo. Pero si eras su amigo, entonces eras su familia. Te llamaba hermano o hermana y te era leal hasta que el sol dejara de salir por el este.

—Me ponía los nervios de punta, pero lo quería a muerte —recuerda Cherie—. Era mi amigo. No sé qué habría hecho sin él.

La Prepa O no era la mejor escuela de Oakland, pero tampoco la peor, ni mucho menos. Estaba justo en el medio, en casi todos los sentidos. Cuesta arriba del centro de la ciudad, estaba a una altura tal que una moneda que rodara desde el bulevar Park caería en el lago Merritt con un chapoteo, pero no tan alta como para flotar por encima del drama habitual de Oakland. Pocas familias blancas mandaban a sus hijos a estudiar ahí, pero casi todos los demás grupos étnicos lo hacían: asiáticos (44 por ciento), afroamericanos (33 por ciento), latinos (18 por ciento). El proceso de inscripción abierta de Oakland permitía que las familias enviaran solicitudes a cualquier escuela del distrito y la Prepa Oakland era popular. Chicos de toda la ciudad —norte, este y oeste— viajaban, dejando atrás los conflictos de sus barrios, para asistir a una escuela que, esperaban, sería un poco más segura, un poco más cuerda que la más cercana a casa. Había un guardia apostado en la puerta principal para mantener la locura a raya, pero había suficiente locura en el interior. Una parte no estaba a la vista, pero otra parte era difícil de ignorar: una chica tratando de abrirse las venas en el baño, una pelea en el pasillo; estudiantes gritando, corriendo o llorando; rumores sobre a quién le dispararon y quién se acostó con quién, quién buscaba a quién y qué le diría una vez que lo encontrara.

Sin embargo, era posible mantenerse al margen. Eso hacían muchos. Había clases avanzadas y programas especializados en salud pública, artes visuales y ciencias ambientales. Había un Programa de Excelencia para Hombres Afroamericanos, que ofrecía tutorías a chicos negros. Había un Centro de Bienestar con servicios de orientación, salud y apoyo académico. Había futbol, beisbol, basquetbol y atletismo, siempre y cuando mantuvieras tu promedio general por encima de 2.0.

La línea de meta estaba marcada con toga, birrete y un desfile por el escenario. Ese año, dos terceras partes de los estudiantes de la Prepa O lograron terminar. Podías llegar ahí si nada se te atravesaba, pero a la vida a veces le daba por meterte el pie y tirarte de bruces. Entonces formabas parte del otro tercio: holgazaneabas en los pasillos en vez de entrar a clases o simplemente te alejabas: te alejabas de la escuela, de ese desfile en el escenario y te adentrabas en un futuro tan nebuloso como el humo de la hierba.

Por supuesto, raras veces te das cuenta cuando llegas a la encrucijada. Parece otro día más. Uno en el que no fuiste a la escuela porque estabas enfermo o tu hermanita estaba enferma; o porque no estudiaste para ese examen así que para qué molestarte en hacerlo o tu ropa se veía andrajosa y estabas harto de que te lo dijeran. Tal vez alguien te buscaba y necesitabas pasar desapercibido unos días o un centenar de razones más por las que no ir a clases parecía mejor opción. Solo que, una vez que dejas de ir, parece muy difícil empezar de nuevo. Los días se vuelven semanas, las semanas meses y, entonces, en algún momento, te das cuenta de que llegaste al futuro. El que nunca planeaste. El futuro en el que todo es mucho más difícil.

Tres semanas después del inicio del año escolar 2013-2014, una amiga de Richard fue suspendida de clases por pelear. Le escribió un mensaje a Richard para decírselo y él fue a verla a la parada de autobuses. Aunque estaba en pleno horario escolar, no le importó. Ahora cursaba tercer año, pero cuando él y Cherie estaban en noveno grado faltaban a clases todo el tiempo para vagar por la ciudad con sus amigos, buscando diversión, atrayendo problemas. En realidad no tenía el hábito de ir a la escuela todo el día ni a diario.

Cuando la amiga de Richard llegó a la parada de autobuses, no estaba sola. La acompañaba una mujer de cuerpo pequeño, cabello negro y largo, con aretes colgantes y una sonrisa como un rayo de sol. Se llamaba Kaprice Wilson y era la encargada de asistencia de la Prepa O. Aunque no conocía a Richard, sabía que era estudiante y que la jornada escolar no había terminado. Dijo que la amiga de Richard tenía que subir a ese autobús e irse a casa, pero él tenía que volver a clases.

Richard la siguió de regreso a la escuela, acribillándola a preguntas. ¿Quién era ella y a qué se dedicaba? No se parecía a las típicas funcionarias escolares. Tenía una vibra de chica del barrio.

—Soy la coordinadora de ausentismo —dijo Kaprice—. Y lo que sucede si faltas mucho a la escuela es que entras a un programa de intervención conmigo.

—¿Entonces, usted trata de ayudar a los chicos que se han metido en problemas? —preguntó Richard.

Kaprice asintió.

—Bueno, pues ese soy yo —dijo él—. ¿Puedo entrar a su programa?

Kaprice se le quedó mirando. Nadie *pedía* entrar a su programa. Los estudiantes entraban cuando faltaban tanto a clases que corrían el riesgo de reprobar, abandonar los estudios o ser expulsados. La verdad, no le sobraban puestos. En una escuela con 1,875 estudiantes, tenía un portafolios de unos 800 ausentistas crónicos y, si tenía suerte, podía trabajar con 275 de ellos a lo largo del año.

—Sí —dijo Richard—. Quiero que me ayude como a ellos. He ido a muchas escuelas y me he metido en problemas, pero en realidad no soy mal chico.

En su oficina, Kaprice buscó el expediente académico de Richard. Ya estaba en tercer año y el programa era para estudiantes de primero y segundo, más fáciles de devolver al buen camino que los de tercero y cuarto, pero era evidente que necesitaba ayuda. Sus calificaciones eran malas y su asistencia, irregular. La Prepa O era su tercera preparatoria en Oakland y, además, había vivido en un centro de acogida de menores en

Redding, a tres horas y media de ahí, durante el segundo año. Las autoridades lo mandaron después de un arresto por pelear cuando cursaba el primer año.

La siguiente vez que hablaron, Kaprice le dijo a Richard que, si trabajaba con ella, tendría que aprender reglas nuevas.

—Una vez que pases a este carril, ¿sabes de qué cosas podrás salir impune? —le preguntó.

Él negó con la cabeza, desconcertado.

—¿Qué cosas?

—Ninguna. Absolutamente nada. Porque voy a hacer que entiendas nuestro lema de familia: "Que tus obstáculos nunca se vuelvan más importantes que tu meta". En este momento, tu meta es graduarte y, si no cumples con el lema de la familia, es mejor que sepas que tengo una colección de cinturones en el fondo de mi archivero y no son para ceñir pantalones.

Richard se rio.

—Entiendo —dijo y sonrió.

Kaprice Wilson creció en East Oakland en los años 80, cuando el *crack* empezaba a llegar a las calles. Para los usuarios, el *crack* significaba pobreza: vidas enteras desvalijadas como un auto robado y piezas vendidas para pagar la siguiente dosis. Para los traficantes, el *crack* significaba poder y respeto, gordos fajos de billetes, cadenas de oro, joyería de mal gusto y autos de lujo.

—Se vivía el momento —dice Kaprice—. Nadie pensaba en cómo afectaría todo esto a nuestros hijos.

Cuando tenía catorce años, vio a un muchacho en bicicleta que jugaba a hacerse el valiente con un auto en la esquina de la avenida 82 y el bulevar MacArthur. El chico se acercó al auto, tratando de asustar al conductor. Este dio un volantazo y trató de atropellarlo. El chico lo esquivó, se estrelló contra la acera, pegó un salto por encima de la bicicleta y cayó de pie, sonriendo.

—Diablos, ¿vieron eso? —preguntó—. Por poco me choca.

Se llamaba Lil' Jerry y tenía trece años. Kaprice se enamoró al instante y el sentimiento fue mutuo. Al poco tiempo, ya hablaban por teléfono todas las noches. Cuando Kaprice fue a casa de Lil' Jerry por primera vez, sus hermanas le dijeron que el chico no dejaba de hablar de ella. Así se enteró de que eran novios.

Lil' Jerry se había declarado miembro de la pandilla 69vill de East Oakland desde que tenía cinco o seis años. Había empezado por ganar un poco de dinero ayudando a trampear dinero en juegos de dados. Aun después de llegar a los seis pies y dos pulgadas de alto, seguían llamándolo Lil' Jerry. A los quince años ya cargaba mochilas llenas de dinero. Aún no tenía edad para tener licencia de manejar, pero ya era lo bastante rico para poseer cuatro o cinco autos. Le gustaba ir a Las Vegas a ver las peleas de boxeo, vestido con boxers de piel y un largo abrigo de visón.

El líder de 69vill era Felix Mitchell, que controlaba buena parte del mercado de heroína de la Costa Oeste. En 1983, fue arrestado con cargos federales y, dos años después, sentenciado a cadena perpetua. Catorce meses más tarde, otro reo de la penitenciaría Leavenworth lo mató a puñaladas. Su funeral fue noticia nacional. El féretro fue conducido por un carruaje de caballos a través de las calles de Oakland y seguido por una procesión de cuatro Rolls-Royces, diez limusinas blancas, varios Cadillacs y Lincolns. Miles de oaklandeses salieron a las calles a mirar el desfile que se extendió por ocho millas. La madre de Kaprice no la dejó ir. No sabía que ya era demasiado tarde para preocuparse por el mal ejemplo de Mitchell.

Tras la muerte de Mitchell, la violencia se disparó, pues otros mafiosos se disputaban su territorio, así como el cada vez más lucrativo negocio del *crack*. Año tras año, el número de homicidios iba en aumento: de 114, en 1987 a 165 en 1992. Sin embargo, los cadáveres no se distribuían equitativamente: se acumulaban en los lados este y oeste de la ciudad. East Oakland, en particular, estaba bañada en *crack*, sangre y balas.

Kaprice llevaba una vida demasiado agitada para quedarse en casa, de modo que se mudó con la familia de su hermanastra. Una de las tareas de las chicas era limpiar las armas. Cuando los muchachos llegaban, Kaprice y su hermanastra estaban en la mesa con cepillo, varilla y trapo, desmontando las armas con pericia, girando los cañones, puliendo las cachas. Un visitante tendría que ser bastante obtuso para no captar el mensaje: con estas chicas no se jugaba.

Lil' Jerry la llamaba Kaprice Classic por el auto (también tenía uno de esos). Cuando Kaprice consiguió un papel menor en una película de Jim Belushi llamada *El director*, Lil'Jerry empezó a llamarla "estrella de cine". Kaprice conocía a todo el mundo y todos sabían de ella: la hermosa y arrogante novia de Lil' Jerry Cooper.

—A los dieciocho o diecinueve años, me sentía la princesa de East Oakland —dice—. Porque 69vill era la pandilla que estaba en boca de todos. Era la más temida.

El hermano de Kaprice se fue a estudiar a la universidad en Atlanta, pero a ella no le interesaba hacer lo mismo. Intentó asistir a un Junior College, pero no se molestaba en hacer otra cosa que no fuera cobrar el cheque de ayuda financiera. Cuando su hermano le dio un formato de solicitud para la Universidad

Clark de Atlanta, lo tiró a la basura. De ninguna manera pensaba renunciar a su estatus en East Oakland solo para ir a la escuela.

Entonces, una carta de aceptación llegó por correo. Su hermano había llenado y enviado la solicitud por ella.

—Vas a ir —le dijo Lil' Jerry cuando ella se lo contó.

Pero Kaprice tenía otro plan. Quería quedar embarazada. Sabía que ella y Jerry tendrían hijos hermosos.

—¿Cómo vas a mantener a un bebé? —le preguntó Lil' Jerry.

Kaprice se encogió de hombros.

—Recibiré asistencia social.

Eso hacían todas las chicas que conocía.

—Qué estúpida suenas —respondió Lil' Jerry—. ¿Sabes qué va a pasar? Me van a matar y no quiero dejar a un bebé sin papá. No lo quiero para ti y no lo quiero para mi hijo. Ya hay suficientes niños así por ahí. Puedes adoptarlos. Pero ten presente que serán nuestros hijos y, cuando enloquezcan y se salgan de control, ayúdalos porque lo van a necesitar.

Después de eso, Lil'Jerry se negó a acostarse con ella.

—Me congeló —contó Kaprice—. Se puso en plan de: "Y tampoco vas a meterte con nadie más. Inténtalo y lo mato, pero primero te mato a ti".

Así que fue a la universidad. Se especializó en educación. Practicó el atletismo y consiguió una beca deportiva. El decano de la Facultad de Educación le dio el premio a la estudiante de docencia del año. Un día, cuando regresó a casa en vacaciones, se enteró de que le habían disparado tres veces a Lil' Jerry. Lo supo por un amigo. Él no se lo dijo, no quería que se enterara, pero al sujetar su mano sintió una bala incrustada bajo la piel.

Estaba claro que la vida de maleante estaba pasándole factura: la violencia, el peligro, la vigilancia.

—Necesitamos parar la locura —decía Lil'Jerry—. Solo parar la locura.

Bebía demasiado, fumaba demasiada hierba. Empezó a vestirse como obrero: chamarras de UPS y Home Depot, y una faja negra, como si trabajara en un almacén. Tenía veinticuatro años. En su mundo, eso lo hacía prácticamente un viejo.

Un día, Lil'Jerry tuvo una conversación con una anciana que vivía en la avenida Ochenta y Nueve, a un par de cuadras de su casa. La señora no salía de casa por todo el narcotráfico que había en el barrio, pero le dijo que le gustaría tener flores en su jardín delantero. Él le llevó unas y las plantó. Las rodeó con una pequeña verja para que los clientes que compraban droga en la casa de al lado no las pisotearan. Cada vez que pasaba por la casa de la señora, de camino a la tienda, se fijaba que todo siguiera en orden. Por eso, cuando vio a uno de esos compradores cortando camino por el jardín, tuvo que decirle algo.

—Viejo, ¿no viste la valla? —preguntó—. ¿Por qué pisaste las flores? Solo dales la vuelta. La señora está cultivando unas flores.

—Me importan un carajo las flores —respondió el sujeto.

No sabía quién era Lil' Jerry. De seguro, solo era un tipo con chamarra esponjosa.

—¿Por qué tienes que ser así? Solo respeta sus flores.

Ahora era un reto.

—Al *carajo* las flores —dijo el tipo—. Voy a regresar y voy a balacear esta mierda.

Y eso hizo…o alguien lo hizo. A las pocas horas, acribillaron a Lil' Jerry en la acera. Kaprice acababa de salir hacía pocos minutos. Había estado hablando con Jerry sobre lo que pensaba cocinar para la cena. Él le dijo que sonaba rico y ella le prometió guardarle un poco.

Más adelante, dos cosas se le quedaron en la mente. Una: lo limpio que fue el tiroteo. No fue de esos en los que hay sangre por todas partes. No había ni una mancha en la acera.

La otra cosa fue que nadie en la cuadra vio quién lo había hecho. No era que fingieran no haber visto, como suele hacer la gente cuando no quiere involucrarse. Era más bien como en las películas de *Hombres de Negro*, cuando les borran la memoria a los testigos.

A Kaprice le pareció que así lo habría querido Lil'Jerry.

"No quiero que nadie se vengue", se imaginaba que diría. "Solo quiero irme. Estoy listo".

El homicidio, como tantos otros en East Oakland, jamás se resolvió.

—Esa experiencia realmente me hizo madurar y me enseñó mucho sobre la vida —dijo veinte años después—. Solo apreciar el momento y hacer lo más que puedas, ya sabes, para ayudar a alguien más.

Al cabo de un año consiguió su primer empleo de maestra de primaria en East Oakland. Siempre le enviaban a los niños problemáticos, los que habían expulsado de otros salones. Conocía a esos chicos, o a otros que se les parecían y sabía trabajar con ellos. Eran sus hijos, tal como había dicho Lil'Jerry.

En la Preparatoria Oakland, Kaprice actuaba como madre sustituta para los chicos que más la necesitaban, los que más dificultades tenían para llegar a la escuela cada día. Algunos, como Cherie, incluso la llamaban mamá. Le daban sus calificaciones, fotos y dibujos para que los expusiera en las paredes de su oficina. Le escribían disculpas cuando se metían en problemas. Su diminuta oficina estaba empapelada con sus misivas:

"De tu hijo Oscar, te ♥ mamá", decía una.

"Lo siento mamá, me hizo enojar demasiado", decía otra, escrita por una chica que acababa de recibir una suspensión por pelear.

Kaprice enseñaba a sus chicos a cuidarse unos a otros, incluso cuando su tendencia fuera reñir. Si un estudiante quería ser uno de sus hijos, tenía que aceptar que, además de una madre, iba a tener hermanos.

—Somos familia —les decía—. Esta es tu hermana. Este es tu hermano. No tienes voto al respecto.

En sus paredes tenía pegado el lema de la familia: "Que tus obstáculos nunca se vuelvan más importantes que tu meta".

Las metas: asistir a clases, mejorar las calificaciones, graduarse, no acabar en la cárcel, sobrevivir.

Su oficina era una zona segura para Richard. Era del tamaño de un armario grande y estaba escondida en un pasillo cerca de la oficina principal, pero tenía un sofá en el que los chicos podían sentarse a conversar, darse un respiro, reagruparse, relajarse. Richard pasaba por ahí entre clases, solo para mantener el contacto.

—Richard nunca quería salir de su oficina —recuerda Cherie—. Digo, de verdad la amaba.

Cherie ya era una de las hijas de Kaprice. Con su ayuda, había salido de probatoria académica el año anterior y nunca recayó. Richard no tardó en preguntar si él también podía llamar mamá a Kaprice, pero ella no se lo permitió. Richard ya tenía una mamá con la que estaba muy unido y ella no pensaba robarle ese lugar.

—Seré tu tía —le dijo.

La madre de Richard, Jasmine, tenía cuatro meses y medio de embarazo cuando su abuela la llevó al médico para una revisión. Tenía catorce años y estaba saliendo con un chico dos años mayor. Fue él quien se dio cuenta de que estaba embarazada. Ella no tenía suficientes conocimientos para entender los cambios que estaban ocurriendo en su cuerpo. Ya era demasiado tarde para interrumpir el embarazo, pero Jasmine se sentía preparada para criar un hijo. Le encantaba cuidar a sus sobrinos. ¿Qué tan difícil podía ser?

—Creía que se trataba de vestirlos y comprarles ropa —recuerda.

Richard nació el verano antes de que Jasmine cumpliera los quince. Ella se separó del padre once meses después. Richard siguió viéndolo con frecuencia a lo largo de los años o con la mayor frecuencia posible, dado que su padre a veces estaba preso por delitos relacionados con las drogas. Cuando Richard tenía cinco años, Jasmine empezó una relación con un nuevo hombre, Derick. Richard lo resintió, pues aún albergaba la esperanza de que sus padres volvieran a estar juntos.

—No eres mi papá —le dijo a Derick.

Ser madre resultó más difícil de lo que Jasmine esperaba, pero se esforzó por hacerlo bien. El temperamento de Richard facilitaba las cosas: era un niño feliz, juguetón y bromista, que siempre bailaba y cantaba. Todos los domingos lo llevaba a la iglesia, le enseñaba a recitar sus plegarias y bendecir la mesa antes de comer. Se aseguraba de que les abriera la puerta a mujeres y ancianos, cuidara sus modales y ayudara en la casa. Los amigos de Richard sabían que su mamá era estricta: nada de insolencia, nada de contestarle.

Jasmine tenía dos hermanas, Juliette y Savannah, cada una con sus propios hijos. Las tres hermanas eran jóvenes y hermosas, con frentes altas, grandes ojos almendrados y labios carnosos en forma de arco de Cupido. Cuando estaban juntas, siempre había muchas risas. Los niños se movían con facilidad entre las casas de las tres hermanas, envueltos en el calor de una gran familia extensa.

Pero el 30 de diciembre de 2006, cuando Richard tenía nueve años, todo cambió. Un auto estacionado en San Francisco fue acribillado a balazos y tres personas en su interior murieron. Savannah era una de ellas. Dejó huérfanas a dos niñas, de cuatro y once años, que se mudaron con Richard, Jasmine y Derick. Jasmine trataba a sus sobrinas como si fueran sus hijas, pero la situación era difícil para todos. Las niñas habían perdido a su madre. Jasmine había perdido a su hermana. Richard, a sus nueve años, había pasado de ser el centro del mundo de su madre a ser otro miembro traumatizado de una familia atravesada por un agujero gigante.

—Ya no me prestas atención —le dijo a su mamá.

Jasmine intentó explicarle:

—Yo sé cómo *me* siento porque era mi hermana. Tú sabes cómo *te* sientes porque era tu tía. Pero para ellas, era su *mamá*. Y tengo que compartir el amor, ¿entiendes? Distribuirlo.

Dos años después, Jasmine tuvo un bebé con Derick. Ahora la familia tenía seis miembros: Derick, Jasmine, Richard; su nuevo hermano, Derriyon y las dos niñas. Se mudaron a un bungaló de cuatro habitaciones en los confines del barrio de Elmhurst, en East Oakland. La casa estaba pintada de rosa pálido y tenía rosales en el jardín delantero. Era un barrio duro, pero una calle tranquila.

Jasmine siempre había tenido la esperanza de continuar con su educación. Pero era una lata pagar las cuentas, cuidar a los niños y tener la casa limpia y ordenada como le gustaba, sin manchas en el cristal de la mesa ni polvo en los rincones. Cuando Richard estudiaba el tercer año de preparatoria, Jasmine trabajaba en el comedor de una residencia para ancianos. Quería algo mejor para su hijo.

—No estoy ganando mucho en mi trabajo —dijo—. Quiero que él tenga una *carrera*. Que vaya a la universidad.

No tenía muchos ahorros, pero pensó que si Richard empezaba en un Community College, podría transferirse después a una universidad estatal.

En su zona de la ciudad, eso era soñar en grande. De los aproximadamente seiscientos varones afroamericanos que iniciaban sus estudios en las preparatorias de Oakland cada año, solo unos trescientos terminaban graduándose y menos de cien se graduaban cumpliendo los requisitos para asistir a una universidad estatal de California.

Por otro lado, las probabilidades de acabar en el asiento trasero de una patrulla de policía eran mucho más altas. Los chicos varones afroamericanos conformaban menos del 30 por ciento de la población menor de edad de Oakland, pero casi el 75 por ciento de todos los arrestos.

Jasmine se preocupaba por Richard. Rezaba. Rezaba para que se graduara de la preparatoria. Rezaba para que no tuviera hijos tan joven como ella. Rezaba para que estuviera a salvo de todos los peligros que acechaban a un joven negro en Oakland: armas, crimen, pandillas y policías. Rezaba para que no se metiera en problemas. Rezaba para que sobreviviera.

Richard le llevaba sus tareas a Kaprice para que las pusiera en la pared, igual que los demás. Sus calificaciones no eran excelentes, pero eso no era lo más importante. Sacar una D era mejor que sacar una F.

—La próxima vez será una C —le decía ella—. Poco después será una B y luego sacarás puras Aes.

Cuando los dos estaban a solas, Richard le hacía confidencias sobre su vida, rememorando cosas que le habían sucedido y explicando cómo ahora las haría de otro modo. A veces le contaba de una situación con la que batallaba y le pedía consejo, pero la mayor parte del tiempo no estaban a solas. Kaprice tenía muchos otros hijos. Cuando estaban en la oficina, Richard se sentaba y los escuchaba hablar.

—Se hacía invisible, pero observaba y se percataba de todo —dice Kaprice—. Muchas veces, los estudiantes venían aquí y él era como su pequeño consejero. Los ayudaba a superar lo que fuera que les ocurría.

Richard quería que los demás fueran felices; eso era lo que todos destacaban en él. Siempre estaba bromeando, jugando. Kaprice tenía un aro de basquetbol de juguete en su puerta para que los hermanos menores de sus estudiantes tuvieran algo que hacer cuando sus padres asistían a reuniones. Por lo general, lo tenía recogido para que los chicos de mayor edad no lo usaran ya que, cuando lo usaban, las cosas tendían a descontrolarse. Richard lanzaba bolas de papel a escondidas y se aseguraba de que Kaprice lo notara.

—¿Vio ese tiro, señorita Kaprice?

Si el ambiente en la oficina estaba tenso, a veces se subía los pantalones más arriba de la cintura, como un *nerd*, para que los demás se rieran.

—Ya hay suficiente locura —le decía a Kaprice—. Me gusta lo que da felicidad.

Así es como todos conocían a Richard: como el chistoso, el que hacía sonreír a la gente. Hacía bromas como ponerles cátsup en la cara a los demás mientras dormían o emboscarlos con globos de agua cuando acababan de despertarse. Hacía cualquier cosa por hacer reír: ponerse uno de los sugerentes suéteres cortos de sus primas, por ejemplo o publicar en Instagram una foto de sí mismo con sostén y peluca, mirando el espejo del baño con un gesto seductor.

"Voy de ZORRA en Halloween", explicaba el pie de foto.

Ese otoño, Jasmine estaba planeando un viaje familiar a Disneyland.

—Puede que no te diviertas porque ya eres grande —le dijo a Richard.

Él le aseguró que eso no sería un problema.

—Voy a divertirme como si tuviera cinco años.

Richard había perdido un año de su niñez, como señaló más tarde su primo Gerald. Acababa de regresar después de que lo enviaran lejos de casa.

—En realidad no pudo experimentar la diversión. Probablemente estaba viviendo a partir de donde se había quedado.

COMO ERA ANTES

A veces, cuando Cherie piensa en sus viejos amigos, los ojos se le llenan de lágrimas.

—No voy a decir que éramos ángeles —dice—. No voy a decir que éramos intelectuales, pero teníamos buen corazón. Nos cuidábamos entre nosotros porque eso era lo único que sabíamos hacer.

Se refiere a 2012, el año en que ella y Richard ingresaron a la preparatoria, antes de que todo se arruinara. En esos días se saltaban clases a diario para ir a la intersección de la avenida Fruitvale y el bulevar MacArthur, donde chicos de toda la ciudad se reunían por las tardes para hablar, coquetear, jugar dados y, ocasionalmente, para pelear.

Tenían un grupo al que llamaban los Heartbreak Kidz. No era una pandilla de verdad, sino una pandilla de juego, unas iniciales que escribían con letras puntiagudas: *HBK*. Iban a jugar boliche. Iban a la playa. Recorrían toda la ciudad en autobús, parando en preparatorias donde ni siquiera estudiaban solo para visitar a quien estuviera en los pasillos. Parecían conocer a todo el mundo o, al menos, a todos en el lado este, pero se querían unos a otros más que a nadie. Habían crecido juntos y ahora estaban en la preparatoria, llenos de brío e irreverencia. Skeet y Ashley eran los mayores, con dieciséis años. Jesse tenía quince. Cherie, Hadari y Dae tenían catorce. Richard también, aunque parecía más joven.

—Skeet solía apoyarlo —recordaba Cherie—. Richard era como un hermano menor, era el más joven. Él y Hadari, pero Hadari era valiente y no le permitía nada a nadie. Richard, o sea… mírenlo. Richard era tan payaso y fastidioso. Hacía cosas tan estúpidas. Hacía las cosas más locas del mundo.

Entonces, tenían toda la vida por delante o eso pensaban. No debía terminar como terminó y por eso las lágrimas no paran de salir mientras habla. Jamás pensó que acabaría de esta manera.

¿Por qué en ese entonces?

En ese entonces eran hermosos, eran jóvenes y se tenían los unos a los otros. Era divertido. La pura verdad: en esos días, había un chorro de diversión.

Querían ir a la playa. No era un día particularmente caluroso; tal vez unos setenta grados Fahrenheit, si acaso, pero estaban aburridos, así que Richard, Cherie, Dae, Skeet, Hadari, Jesse y Ashley, fueron en autobús rumbo a la playa. Era abril de 2012. Según recuerda Cherie, bajaron en Fruitvale para cambiar de bus, pero Ashley no prestaba atención.

—¡Ashley! ¡Ven! *¡Ashley!* ¡Que se nos va el bus!

Resulta que había otra chica llamada Ashley en el autobús. Ella y su amiga bajaron detrás de ellos.

—¿Por qué nos siguen? —preguntó Ashley—. ¿Qué quieren?

Eso es lo que hacían en esos tiempos. Discutir.

Ahora Ashley y la otra Ashley estaban discutiendo, mientras Dae discutía con la amiga de la otra Ashley.

—Vamos —dijo Cherie—. No están buscando problemas.

La discusión le parecía inútil. Estúpida. Estaban tratando de llegar a la playa.

Pero entonces, según Cherie, Ashley le pegó a la otra Ashley y la pelea empezó de verdad. Cherie trató de separarlas y le pegaron, así que devolvió el golpe. Entonces Richard trató de intervenir, pero también le pegaron. En el forcejeo que siguió, algo se cayó de la bolsa de la otra Ashley: insulina y jeringas. Richard las recogió y trató de dárselas, pero ella se las arrojó. Entonces todos se fueron, riendo, sin aliento.

—¡Qué híper estaba!

—¿Por qué tenía todas esas jeringas?

—Debe tener diabetes.

—Yo intenté devolvérselas. En fin...

Cherie recuerda que acabaron en un parque. El césped estaba descuidado, había un campo de futbol y canchas de tenis. También unos cuantos chicos latinos montando patineta. Cómo los muchachos terminaron peleando es un misterio para Cherie, pero eso fue lo que pasó. Alguien le habló mal a alguien y, de repente, Skeet y Hadari estaban peleando. Richard se les unió porque, si sus amigos peleaban, él también. Skeet le pegó a uno de los otros chicos con una patineta.

—Fue salvaje—diría más tarde Cherie.

Después fueron a la playa. Corrieron en la arena y hablaron de lo ocurrido. Festejaron, llenos de adrenalina. Riendo. Sangrando un poco.

De camino a casa, el autobús bajó por Fruitvale. Al mirar por las ventanillas, vieron a las chicas con las que habían peleado y a los patinadores del parque.

—¡Miren, ahí están! ¡Están hablando con la policía!

Entonces, una patrulla paró detrás del bus.

—Solo éramos jóvenes —explicó Cherie—. Ni siquiera se nos ocurría que podríamos ir a la cárcel por eso. La verdad, no pensábamos en la cárcel cuando sucedió.

Pero la ley no lo vio así. La policía arrestó a Richard, Cherie, Dae, Skeet, Hadari y Ashley. Jesse ya había bajado del autobús, así que se libró. Los demás esperaban irse a casa, pero la policía no se los permitió.

Los expedientes de los menores de edad están sellados, de modo que es imposible reconstruir lo ocurrido con exactitud. Al parecer, los patinadores dijeron que les faltaban algunas cosas, entre ellas un celular. No les encontraron nada a Richard y sus amigos, pero aun así les levantaron cargos. Poco después de medianoche, fueron admitidos en el Centro de Detención Juvenil. Ahí se quedaron, en grupos separados. La política del Centro de Detención Juvenil no permite que los chicos que se arrestan juntos se alojen juntos, para evitar que comparen sus versiones de lo ocurrido y evitar que se metan en más problemas.

La primera vez que fueron a la corte, para una audiencia de detención, Richard se puso a hacer payasadas, emocionado

"¿Estas fuera?".

"Pa' mi si pero la poli quiere a este negro".

Se había fugado del centro de acogida de menores y estaba de regreso en Oakland. Un día antes de publicar la foto con la pistola, había publicado otra foto de sí mismo con una botella de coñac y una de jarabe para la tos.

"Tengo mi jarabe y mi Remy ahora es un buen día".

Después publicó una foto en la que bebía directo de la botella.

"Bebo como niño grande".

Esa fue su última publicación en Facebook.

La tarde del 7 de enero de 2013, más de un mes después de fugarse del centro de acogida de menores, recibió múltiples disparos mientras conducía un auto cerca de la calle Hegenberger y la calle Hamilton. Tenía diecisiete años. El hombre al que la policía culpó de su asesinato murió cuatro días después en un brote de violencia que dejó cuatro muertos en un lapso de seis horas.

Cuando Richard supo de la muerte de su amigo, llamó a su madre desde el centro de acogida de menores en Reading para saber si era verdad. Cuando ella respondió que sí, Richard rompió en llanto y no pudo parar.

Ni siquiera colgó. Solo soltó el teléfono y se alejó.

Entonces todo se oscureció.

Skeet muerto.

Skeet muerto.

Skeet muerto.

—Eso mató a Richard —dijo Cherie más tarde—. Nos mató a todos.

Cherie no tenía explicación para el asesinato, excepto la usual: lugar equivocado, momento equivocado, compañía equivocada. Skeet era dos años mayor que ella y Richard. Después de fugarse de su centro de acogida de menores en California, hizo otras amistades, más peligrosas.

—No dejo de pensar que si tan solo nunca nos hubiéramos metido en esa pelea, tal vez Skeet seguiría con vida —dice Cherie.

Fue un funeral de ataúd abierto. Cherie dice que casi se desmayó cuando vio a Skeet muerto en su ataúd. Otras personas tuvieron que sostenerla.

Pero al menos ella no estaba sola. Richard, en un centro de acogida de menores a tres horas y media de distancia, no tuvo a nadie a su lado para detener su caída. Nadie que conociera a Skeet. Nadie que entendiera.

En 2012, Oakland fue la ciudad más peligrosa de California. De acuerdo con las estadísticas del Departamento de Policía de Oakland, hubo casi 2,800 ataques y más de 4,100 atracos. En total, 131 personas fueron asesinadas. Ocho de ellas tenían menos de dieciocho años.

Lamont Price. Asesinado el 16 de febrero de 2012. 17 años. **Disparo.**

Charles Hill III. Asesinado el 23 de marzo de 2012. 16 años. **Disparo.**

Shonte Daniels Jr. Asesinado el 21 de abril de 2012. 15 años. **Disparo.**

Hadari Askari. Asesinado el 10 de julio de 2012. 15 años. **Disparo.**

Tattiaunn Turner. Asesinada el 8 de agosto de 2012. 16 años. **Disparo.**

Bobbie Sartain. Asesinada el 25 de noviembre de 2012. 16 años. **Disparo.**

Raquel Gerstel. Asesinada el 25 de noviembre de 2012. 15 años. **Disparo.**

Jubrille Jordan. Asesinada el 30 de diciembre de 2012. 15 años. **Disparo.**

Richard y Cherie no conocían al Hadari asesinado, pero sí eran amigos de Charles Hill. A Charles lo mataron en una fiesta cerca de la avenida 68. Cherie estaba ahí esa noche, pero se asustó por todas las armas que había en la fiesta y se fue. Sintió la muerte en el aire. Caminó hasta la esquina y llamó a Dae, llorando.

—Ven por mí —le suplicó—. Alguien va a morir.

Para cuando Dae llegó, Charles estaba muerto.

Skeet fue el primer asesinato de 2013. Antes de que terminara el año, otras 91 personas morirían violentamente. Siete de las víctimas de tiroteos tenían menos de dieciocho años, entre ellas una niña de ocho años y un bebé de dieciséis meses.

—Cada año perdemos a alguien —dice Cherie—. Es algo así como decir: "¿Quién sigue?". Tengo miedo por mí misma, porque las balas no tienen nombre. Por eso no salgo. Pasan demasiadas cosas.

Richard ya había perdido a dos tías, víctimas de homicidio: la hermana de su madre, Savannah y la hermana de su padre,

Tish, asesinada por su novio en 2008. Ahora había perdido a dos amigos. La violencia era como la neblina que, en las tardes de verano, llegaba de la bahía de San Francisco para envolver la ciudad en húmedas sombras. Incluso a la luz del sol, sabías que en cualquier momento la neblina podía aparecer y helarte hasta los huesos.

TRABAJANDO

Richard regresó a Oakland el verano siguiente, después de pasar todo su segundo año de preparatoria en Redding. Jasmine estaba encantada de tenerlo en casa. Lo había visitado con regularidad mientras estuvo fuera y hablaba con él por teléfono, pero fue difícil para ambos. Ahora era momento de empezar de nuevo. Richard se inscribió en un programa de capacitación laboral dirigido por Unity Council, una organización sin fines de lucro de Oakland y eso lo llevó a una pasantía. El facilitador del taller, Josué Guzmán, notó que Richard destacaba entre el resto de los jóvenes participantes. Era inteligente y centrado, aprendía con rapidez y parecía estar pasándola bien.

A Richard le encantaba trabajar. Era meticuloso con la puntualidad y cuidaba mucho su trabajo, haciendo las cosas bien a la primera y ofreciéndose a corregir los errores de otros pasantes. Una vez, Guzmán le pidió que ayudara con un proyecto que otro pasante no había terminado. Para esto, debía organizar unas notas sobre el taller de verano que Guzmán había apuntado en un cuadernillo y convertirlas en un plan de clase. Richard tomó las notas dispersas, las mecanografió y las organizó en lecciones fáciles de seguir. Guzmán quedó impresionado.

"Richard de verdad hizo un trabajo increíble durante su pasantía", escribió en una carta. "Puedo afirmar con certeza que tiene el potencial para lograr cualquier cosa que se proponga".

Jasmine notó que, ahora que trabajaba, Richard parecía mucho más maduro. En vez de gastar sus ingresos en sí mismo, se ofreció a ayudar con los gastos de la casa. Le gustaba ser un hombre con salario.

ENCUERADO

Era el final de octubre, el segundo mes del tercer año de Richard en la preparatoria. Él y su primo Gerald iban en camino a la casa de Cherie para pasar el rato con su hermano y pararon en una licorería para comprar algo de beber. Entonces Richard se topó con un chico que conocía de por ahí.

Unos minutos después, dos pistolas apuntaban a su cabeza.

Gerald iba caminando al frente, así que no vio qué pasó. Pero, de repente, Richard ya no tenía sus Nike Foamposites rosas y tenía la cara roja, como siempre que estaba furioso.

En Oakland, eso se llama ser "encuerado". El chico se llevó su cartera, su dinero, su teléfono, sus zapatos y su abrigo. Gerald quería regresar y buscar a los culpables, pero Richard le dijo que siguiera caminando.

Lo habían agarrado sin su gente, no había más. Pero al menos no lo habían matado. Se rumoraba que el chico que le robó había matado gente.

PROBLEMAS DE CONFIANZA

¿En quién puedes confiar en este mundo?
Cuando sacan las pistolas,
cuando se pone el sol,
cuando caminas en las sombras.
¿En
        quién
                puedes
                        confiar?
Las personas dicen ser tus amigas.
Dicen que estuvieron ahí,
        pero no estuvieron.
Dicen que ya vienen
        pero no llegan.
Dicen que te apoyan
        mientras sacan sus navajas.
Dos lenguas en sus bocas,
la que usan para prometer
        y la que usan para mentir.
—No tengo amigos —dijo Richard una vez—.
        Tengo socios.

Después de ser atracado, Richard no asistió a la escuela en unos días. Cuando regresó, se sentó en la oficina de Kaprice y le contó lo ocurrido. Estaba pensativo y un poco conmocionado. Dijo que, todo el tiempo que estuvieron apuntándole con las pistolas, mantuvo la calma. Que estuvo observando. Pensando cómo evitar que la situación pasara a mayores. Cómo no morir.

Luego, le dio a Kaprice el número de teléfono de su madre.

—Con el carácter que usted tiene y el que tiene mi mamá, casi podrían ser amigas —le dijo.

Kaprice se rio.

—Richard, sabes que si me hago amiga de tu mamá mientras siga trabajando en la escuela, ella va a a enterarse todo lo que hagas porque yo se lo diré.

—Es lo que quiero que haga —respondió Richard—. Ya tengo mala fama y quiero que ella sepa que de verdad estoy haciendo todo lo que puedo para no ser así. Voy a graduarme. Voy a hacerla feliz.

PARTE 3

EL FUEGO

LUNES, 4 DE NOVIEMBRE DE 2013

Más o menos una semana después del atraco a Richard, Jasmine entró a su cuarto para hablar con él mientras se preparaba para ir a la escuela.

Estaba preocupada por el desempeño escolar de su hijo. A veces Richard se quejaba de que sus clases no tenían sentido. Jasmine le dijo que necesitaba decírselo a sus maestros.

—Tienes que pedir ayuda —le dijo.

Esa tarde, un primo de Richard, Lloyd, pasó por la Prepa Oakland buscándolo. Lloyd, un chico corpulento que usaba anteojos y tenía un espacio entre sus dientes delanteros, era un payaso bullicioso; una cualidad que no lo hacía popular entre el personal de seguridad de la escuela. Era dos años mayor que Richard, pero no actuaba como tal.

—Es un bebesote —dice la oficial de seguridad del campus, Carlitta Collins—. Una enorme y turbulenta bola de energía. Siempre que veo a Lloyd por aquí, hago que se vaya.

Richard y Lloyd siempre estaban juntos. Lloyd pasaba mucho tiempo en casa de Richard, ya que su madre a menudo estaba fuera de la ciudad. Richard lo admiraba.

—Siempre estaba con él —recuerda Gerald, hermano de Lloyd—. Solo eran Lloyd y Richard. Siempre iba detrás de Lloyd.

Esa tarde, Lloyd quería que Richard saliera de clases temprano, pero Richard no quiso. Así que, Lloyd esperó afuera del portón hasta que Richard salió de la escuela.

—Adiós, tía —le dijo Richard a Collins al salir.

Abrió los brazos y la abrazó.

—Es un joven hermoso —diría más tarde Collins—. No miento cuando le digo que, cuando me abrazó, lo único que sentí fue amor.

Tanto el viaje de ida a la Preparatoria Maybeck, como el de regreso, tardaban una hora e incluía dos transbordos, pero a Sasha no le molestaba. Siempre le había encantado el autobús. Le encantaban las líneas de tránsito que se intersectaban en el mapa, la sucesión de tiempos bien definidos del horario. En su tiempo libre, dibujaba mapas de nuevas líneas de autobús, metro y tranvía, o leía sobre los sistemas de transporte público a lo largo de la historia.

—Sasha ama los autobuses de una forma que me cuesta entender —explica Healy—. A mí ni siquiera me gustan. Elle los *ama*. Le gusta *leer* cosas sobre autobuses. Si le ofreces llevarle a su casa en auto, te responde: "Tomaré el bus".

Casi todos los días después de la escuela, Sasha y su mejor amigo, Michael, caminaban juntos de Maybeck a la estación de BART* en la avenida College, a una milla de distancia. En el camino, pasaban junto a una tapa de alcantarilla donde alguien había escrito con aerosol: ¡NO TE COMAS ESTO!

---

* Bay Area Rapid Transport, Transporte Rápido del Área de la Bahía. *(N. del T.)*

Habitualmente, alguno de ellos le señalaba la instrucción al otro: "Oye, no te comas eso".

Casi siempre se separaban al llegar a la estación de BART. Michael tomaba el tren BART y Sasha tomaba el autobús. A veces, cuando llegaban a la estación, el tren ya estaba ahí.

—Allá voy, bro —bromeaba siempre Michael, en referencia a la imposibilidad de subir corriendo las escaleras y llegar al andén a tiempo para subir al tren.

No tenía sentido, solo les hacía gracia. En realidad no eran el tipo de personas que se trataran de "bro".

Después de eso, Sasha solía cruzar la calle para montarse el primero de los dos buses que le llevaban a casa. El 57 era el segundo. Por la tarde, solía estar repleto de estudiantes de una docena de primarias, secundarias y preparatorias. En días de partido, los chicos de las preparatorias rivales intercambiaban insultos. Era un autobús ruidoso, molesto y tumultuoso. Los chicos estaban cansados, tensos, recién salidos de la escuela. Los adultos miraban sus teléfonos o escudriñaban las ventanillas, procurando no hacer contacto visual. El ambiente del autobús era temerario. Caluroso. Lleno de la humedad y el almizcle de cuerpos adolescentes.

La primera pregunta que uno enfrentaba al subir al bus era dónde sentarse. ¿Al frente, cerca del chofer? Ahí te sentías más a salvo, si el caos te ponía los nervios de punta. Ahí solían sentarse las chicas. ¿O al fondo, fuera de la vista de todo el mundo? Más espacio para acomodarte. Hasta podía ser que consiguieras un asiento entero solo para ti.

A Sasha le gustaba el fondo del autobús: en un asiento largo podía extenderse o meter las piernas debajo. Podía leer, hacer tarea, dormir una siesta. Había aprendido a despertarse cuando el bus pasaba la pronunciada curva en S justo antes de su parada. El 4 de noviembre estaba más cansade que de costumbre, pues la noche anterior se había desvelado escribiendo un trabajo para su clase de literatura rusa. Hacía menos de 24 horas que había expresado su cansancio en Tumblr:

> "¿No te pasa a veces que cuando estas muy cansade y tienes mucho que hacer, te pones a llorar sin razón?".

Ahora, mientras el autobús 57 traqueteaba por el bulevar MacArthur, los ojos de Sasha se cerraron.

4:52 P. M.

Todos los autobuses de la agencia AC Transit están equipados con cámaras que graban constantemente audio y video desde múltiples puntos. El autobús 57 no era la excepción. Las cámaras grabaron a Lloyd y Richard subiendo por el frente un poco antes de las cinco de la tarde y recorriendo el pasillo hasta el fondo: Lloyd, rechoncho, con una sudadera negra con capucha. Richard, esbelto, con una sudadera negra sobre una camiseta blanca y una gorra de los Knicks de Nueva York con visera anaranjada.

El autobús era de doble longitud: dos buses unidos, como gemelos siameses, por una articulación de caucho con pliegues de acordeón. La mayoría de los asientos estaban ocupados: una mujer mayor que quería hablar con el chofer sobre su ruta. Una madre que sujetaba la mano de una niñita con sudadera rosa. Un grupo de adolescentes risueños.

—¿Qué tal todo? —le preguntó el chofer a un hombre de mediana edad mientras este deslizaba su pase por la máquina.

—Largo día —respondió el hombre, moviendo la cabeza de lado a lado.

Richard reconoció a un chico llamado Jamal, que estaba sentado al fondo del bus. Lo saludó con un apretón de manos y un abrazo.

—¡Mali B! —exclamó Lloyd.

—¿Qué pasó, *dude*?

Jamal era alto y delgado. Vestía *jeans* y una sudadera blanca con capucha que tenía, sobre los hombros, una gruesa franja negra horizontal. Su voz era grave, gruesa y algo apagada.

Mientras el autobús volvía a arrancar, los dos primos se agarraron del tubo plateado frente a Jamal. Detrás de ellos, Sasha dormía. Su ejemplar de *Anna Karenina* en pasta blanda descansaba, cerrado, en su regazo. Su falda, vaporosa y blanca, colgaba sobre el borde del asiento.

No debe haber sido fácil dormir con Lloyd cerca. Daba saltos, tratando de sacudir el bus; rapeó un pedazo de la canción "Started from the Bottom", de Drake y chilló palabras al azar, como "¡chinchilla!" y "¡obituario!". También le gritó a una chica que había visto al abordar:

—¡Oye! ¡Chica! ¡Disculpa!

Una chica con *shorts* azules de basquet volteó a mirarlo.

—Tú, no. Tu amiga, la de piel clara.

Jamal señaló a Sasha y murmuró:

—Miren a este tipo.

Lloyd volteó y miró por encima de su hombro. Soltó una carcajada.

En el video, no se oye lo que dice Jamal mientras le entrega el encendedor a Richard, pero se le ve sacar su iPhone y apuntarlo hacia Sasha como si planeara grabar. Más tarde, Richard diría que se suponía que iba a ser gracioso como *Punk'd*, ese programa de bromas de Ashton Kutcher que pasaban en MTV. Creyó que la tela se chamuscaría por un momento y luego Sasha, del sobresalto, despertaría y la apagaría.

—*Necesito* reírme un poco —había dicho al subir al autobús.

Ahora le mostró el encendedor a Lloyd y se pasó al otro lado del tubo plateado, más cerca de Sasha.

Activó el encendedor junto al dobladillo de la falda de Sasha. No pasó nada.

Lloyd seguía gritándole a la chica:

—¡Oye! ¡Tú, la de piel clara!

—¡La de piel clara! —repetía Jamal y su voz grave era como el eco en el fondo de un pozo.

Lloyd fue saltando por el pasillo hasta donde estaban las chicas y se encaramó en la orilla de un asiento cercano.

—Vamos, hazlo —le dijo Jamal a Richard.

Richard volvió a activar el encendedor. Nada.

Rechazado por las chicas, Lloyd regresó con sus compañeros y se detuvo frente a la figura durmiente de Sasha para gritar un abrupto "¡Hey!", con voz de perico.

Sasha se movió, pero no despertó.

—Guau, *nigga*. Dijiste "¡Hey!" —le hizo eco Jamal—. Gritando y todo.

Lloyd se acercó a Jamal y chilló en su oído. Richard rio y le dio un manotazo en la cabeza a Lloyd.

—¡Ay, *nigga*, me rompiste el cuello! —gritó Lloyd—. ¡Maldición, marica, perra, carajo!

Richard blandió el encendedor, fingiendo quemar la manga de Lloyd. Miró a Jamal.

—Hazlo —lo instó Jamal.

Lloyd se metió bailando entre ellos y cayó con medio cuerpo sobre el regazo de Jamal.

—¡Muévete, *nigga*! Quítate de encima —gruñó Jamal.

Tenía los ojos fijos en Richard y el teléfono listo.

—Ya puedes hacerlo —insistió.

Richard se inclinó hacia Sasha y activó el encendedor. Nada. Le dirigió una mirada a Jamal, sonrió y activó el encendedor por cuarta vez.

—¡La puerta de atrás! ¡La puerta de atrás! —le gritó Lloyd al chofer, listo para emprender la huida.

Las puertas se abrieron. De un salto, Richard bajó del autobús. Lloyd empezó a seguirlo, pero entonces miró hacia atrás y se quedó paralizado, absorto, mientras la falda de Sasha se convertía en un mar de llamas. Cuando las puertas volvieron a cerrarse, Lloyd no se había movido.

Los siguientes segundos del video de vigilancia son difíciles de mirar.

Sasha se levanta de un salto, dando manotazos sobre su falda en llamas.

—¡Ay, mierda, mierda!

La falda parece sobrenatural, imposible, una bola de fuego blanco.

—¡Au! *¡Au!* —grita Sasha con voz aguda de terror—. *¡Me quemo! ¡Me quemo!*

Sus manos agarran la falda, la sacuden, la ondean. Trocitos de tela en llamas se arremolinan en el aire. Sasha corre a la puerta y la encuentra cerrada. Gira y bailotea, gritando.

Jamal aúlla de risa. Luego, cuando Sasha corre hacia él, recula y se trepa en un asiento.

—¡Está en llamas! ¡Apáguenlo! —grita.

Los pasajeros corren a las salidas, gritando y tosiendo.

—¡Fuego! ¡Fuego!

Algunos de los chicos de mayor edad se ríen. El autobús sigue en movimiento y el chofer apenas empieza a darse cuenta de que algo pasa en el fondo de su vehículo.

—¡No tengo tiempo para jugar con ustedes, gente! —exclama por encima de su hombro.

Cerca de la parte media del autobús, dos hombres saltan de sus asientos y se abren paso a codazos entre la gente que intenta escapar. Uno de los hombres es bajo y presenta indicios de calvicie; el otro es más alto, tiene bigote de morsa y ojos tristes de sabueso.

—¡Tírate! —grita el del bigote—. ¡Tírate al suelo!

Aunque los dos hombres no se conocen, trabajan en sintonía y tiran a Sasha al piso. El del bigote sofoca las llamas de la falda con su abrigo mientras el calvo apaga a pisotones los jirones de tela en llamas que arden a su alrededor.

Todo termina en segundos. El chofer frena junto a la acera. Sasha se pone en pie, tambaleante, aturdide y en estado de *shock*.

—Oh, Dios. Mierda.

—Ese chico estaba *en llamas*, ¿no? —comenta un hombre mientras Sasha empuja las puertas traseras y baja a la acera.

Detrás del hombre, el bigotudo que rescató a Sasha camina por el pasillo.

—Llamen una ambulancia —dice con un hilo de voz.

Se dirige a la puerta del bus y llama a Sasha que, celular en mano, deambula por la acera con las piernas chamuscadas.

—Necesitas llamar una ambulancia, hombre.

La chica del *short* de basquetbol azul se dirige a Sasha desde las puertas del autobús:

—¿Estás bien?

Sasha no responde.

El autobús se vacía. Los pasajeros bajan, meneando las cabezas.

—No tiene sentido. Qué cosa tan triste.

—¿Viste cómo se quemó todo?

—Ay, Dios mío. ¿Quién *querría* hacer una mierda así?

—Oh, sí que lo desgraciaron.

—Qué jodido. ¡Muy, muy jodido!

Luego, el chofer camina por el pasillo hasta el fondo del autobús y patea los restos chamuscados de la falda de Sasha hacia la puerta.

—¡Estúpidos hijos de puta, hombre! —brama.

Después de saltar del autobús, Richard se alejó a zancadas con las manos en los bolsillos, procurando parecer relajado. Entonces oyó los gritos de Sasha. Se detuvo, se dio la vuelta, regresó.

Se quedó mirando el autobús, boquiabierto.

El bus había empezado a avanzar de nuevo. El chofer, que todavía no se había dado cuenta del incendio, continuaba su ruta.

Richard corrió tras el bus que, de repente, dio un volantazo hacia la acera. Los pasajeros salieron en tropel, gritando y tosiendo. Otro autobús, el NL, se había parado detrás. Un momento después, Richard se dio la vuelta y lo abordó. A los segundos volvió a bajar y caminó de regreso a donde estaba Sasha, que deambulaba por la acera con las piernas desnudas y quemadas.

Richard pasó lentamente, torciendo el cuello para observar a Sasha. Después se dio la vuelta y pasó de nuevo, sin dejar de mirar. Entonces Jamal y Lloyd bajaron del bus 57, y los tres se fueron, medio caminando y medio corriendo, al otro autobús.

Esa noche, Jasmine notó triste a Richard.

—¿Qué pasa? —le preguntó.

Él no pudo decirle.

Después de que la policía llegó, el hombre del bigote se fue a su casa, con lágrimas en el rostro.

Estaba en *shorts* y camisa, con la chaqueta chamuscada por las llamas que apagó.

—¿Por qué? —se preguntó una y otra vez—. Ay, Dios mío, ¿por qué?

A las cinco de la tarde, el día de clases ya había terminado, pero Karl seguía en su salón. Sasha llamó a su celular.

—Papá. Necesito que vengas ahora mismo. Estaba en el bus y me prendieron fuego.

—¿Qué? —dijo Karl. La recepción era pésima—. Repite eso.

—Tienes que recogerme y llevarme al hospital porque alguien me prendió fuego.

Karl estaba seguro de que no estaba oyendo bien. Caminó por el salón, cerrando las ventanas y recogiendo sus cosas.

—Espera. Repítelo. ¿Estabas en el autobús y pasó *qué?*

—Necesito ir al hospital. Ahora mismo.

Y entonces Karl empezó a correr, todavía al teléfono, mientras repetía la misma pregunta. Sus pies lo llevaron cuadra tras cuadra, por una calle y por otra, hasta donde estaba Sasha. Yacía en la acera, en ropa interior, temblando e hiperventilando.

—Dime otra vez. ¿Qué pasó?

La mayor parte de los pasajeros se habían dispersado, pero unos cuantos seguían ahí con el chofer, en la acera, junto al bus vacío. Entre ellos, una adolescente que había llamado a su madre, que a su vez llamó al 911. La madre de la chica llegó antes que la ambulancia. Estaba de pie, rodeando a su hija con un brazo, mientras Karl llamaba a Debbie para decirle que había ocurrido un accidente.

Cuando Debbie llegó, pensó que Sasha se había caído en el lodo porque, ¿qué otra razón habría para que sus piernas tuvieran esas manchas negras? Entonces comprendió y empezó a sollozar.

—Bueno —dijo Sasha—. Se hizo realidad. Lo que siempre te preocupaba.

La ambulancia tardó un largo rato en llegar. La policía, por su parte, acudió de inmediato.

—¿Sabes quién te hizo esto? —le preguntaban una y otra vez los oficiales de policía a Sasha.

—No —a Sasha le castañeteaban los dientes—. Estaba durmiendo.

Nunca había sentido tanto frío. Tenía las piernas desnudas en el aire fresco de noviembre. Más que desnudas: despellejadas, expuestas. Karl se quitó el sombrero australiano que siempre llevaba puesto y lo usó para proteger la entrepierna de Sasha de las miradas de los transeúntes.

—¿No tienen nada para abrigarlo? —preguntó Debbie a los policías, olvidándose por completo de los pronombres de Sasha.

Un oficial sacó de la patrulla una sábana de plástico amarillo, de las que se usan para cubrir cadáveres. Debbie no quería ponerla sobre las heridas abiertas en las piernas de Sasha, de modo que se la puso encima de los hombros.

Por fin, al cabo de unos cuarenta y cinco minutos, llegó la ambulancia. Los paramédicos subieron a Sasha a una camilla y le conectaron una vía intravenosa. Los tibios fluidos entraron a sus venas. Morfina. El dolor y el frío cedieron. Sasha estaba a salvo. Con vida. Todo iba a estar bien.

Karl subió al frente de la ambulancia que llevaba a Sasha al hospital. No había espacio para Debbie, que se quedó llorando en la acera mientras se alejaban. Todos se habían ido, excepto la adolescente y su madre.

—¡Lo hicieron porque usaba falta! —dijo Debbie entre sollozos.

Juntas, la chica y su madre la envolvieron con sus brazos.

—No hay derecho —dijeron.

Sasha estaba atolondrade en la sala de urgencias. Platicaba. Bromeaba. Era el efecto de la morfina.

—Es la venganza del Rim Fire —les dijo a los médicos, recordando su evacuación del incendio de Yosemite con Nemo.

Debbie y Karl se sorprendieron. No solía ser tan sociable.

—Qué amables son todos —dijo Sasha con emoción—. ¡Qué bien están cuidándome!

Habían llevado a Sasha al Hospital Saint Francis Memorial, en San Francisco, para su ingreso en el Centro de Quemados Bothin, una unidad especializada que atiende a víctimas de quemaduras de toda Bay Area. El doctor Richard F. Grossman, uno de los cirujanos del centro, entró a la sala de urgencias para evaluar la situación. Las heridas en las piernas de Sasha eran un *collage* de colores —rojo, rosa, negro y amarillo—, pero lo que el doctor Grossman notó de inmediato fue que muchas eran blancas: úlceras incoloras y correosas, como un atún demasiado cocido. Eran indicio de quemaduras de tercer grado, cuando la piel se ha calcinado por completo hasta la grasa subcutánea.

De la sala de urgencias llevaron a Sasha a la unidad de quemados. La primera parada fue una bañera de acero inoxidable llena de una solución de cloro (la infección es una de las principales causas de muerte para las víctimas de quemaduras). Fue ahí en la bañera, sin ropa, que Sasha empezó a comprender la gravedad de sus heridas. Sus piernas estaban irreconocibles: agrietadas, carbonizadas, llenas de colores extraños. El doctor Grossman estimó que las quemaduras cubrían el 22 por ciento de su cuerpo.

Aun así, cuando se reunió con Debbie y Karl, procuró tranquilizarlos. Les dijo que las quemaduras eran muy profundas, pero tratables. En sus años en el Centro de Quemados Bothin había visto cosas mucho, mucho peores.

—Aquí muere gente a cada rato —explicó más tarde—. Sabía que Sasha no sería una de esas personas.

EL NOTICIERO DE LAS DIEZ

Todas las noches, Kaprice miraba el noticiero de las diez. Era parte de sus preparativos para el siguiente día en la escuela. Si veía que le habían disparado a alguien en Oakland, lo más probable era que alguien en la Preparatoria Oakland estuviera vinculado, afectado o implicado.

Esa noche, el noticiero reportó que habían prendido fuego a un hombre en el autobús 57. Kaprice meneó la cabeza.

"¿Quién haría algo así?", se preguntó.

AFUERA

La mañana siguiente, Kaprice recibió la llamada de un maestro que le dijo que uno de sus chicos estaba pidiendo permiso para salir del aula. Luego, Richard se puso al teléfono.

—Necesito hablar con usted.

Kaprice no podía imaginar qué era tan urgente que no podía esperar que la clase terminara.

—Ven cuando termines —le dijo.

Richard llegó a la hora del almuerzo y Kaprice se dio cuenta de que quería hablar en privado, pero la oficina estaba llena de gente y no fue fácil despejarla. Una chica no quería irse, así que tuvo que agarrarla y llevarla por una antecámara hasta el pasillo principal. Mientras lo hacía, oyó el *clic* de la puerta a sus espaldas. Se había quedado fuera. Las llaves y el teléfono estaban en su escritorio.

Molesta, recorrió el pasillo hasta la oficina principal y zigzagueó entre los escritorios hasta llegar al fondo. Una vez ahí, buscó la llave de una puerta lateral que conducía a su oficina. Todo el recorrido debe haberle tomado unos pocos minutos, pero cuando entró a su oficina, Richard ya no estaba.

Lo encontró afuera, esposado y escoltado por dos oficiales de policía. Nunca supo qué quería decirle.

Al día siguiente, cuando Sasha no se presentó en la escuela, Nemo se preocupó. Preguntó por todos lados: "¿Alguien sabe dónde está Sasha?". Un estudiante, vecino de Sasha, había oído decir que estaba en el hospital, pero no sabía por qué.

Nemo llamó a casa de Sasha. No obtuvo respuesta. Entonces llamó al celular de Karl y, con voz temblorosa, preguntó: "¿Sasha está bien?".

Debbie y Karl le contaron lo sucedido a Nemo: el fuego, las quemaduras. Karl le aseguró que, según el cirujano, el pronóstico era bueno. Sasha iba a estar bien, pero pasaría al menos un par de semanas en el hospital.

—Dígale que le amo —dijo Nemo antes de colgar.

Nemo se lo contó a Michael. Michael se lo contó a Healy. Healy se lo contó a Teah. Los amigos se agruparon, conmocionados, sin parar de llorar. Al correr la noticia, la vida en la escuela se detuvo. Era inconcebible. ¿Cómo podía pasar algo así en Bay Area, tan amigable con las personas *queer*?

—Todos éramos adolescentes hippies y liberales, así que ni pensábamos que algo así pudiera suceder —dice Healy.

Pero había pasado. Alguien había quemado a Sasha. Inevitablemente, los pensamientos de todos se centraron en la persona culpable.

—Lo odio —dice Healy—. Lo odio a muerte.

Shyam Sundar era el maestro de ciencias en Maybeck. Un hombre fornido y barbudo, conocido por su rigor académico, que enseñaba biología, química y química orgánica; una especie de leyenda entre los estudiantes. En el juego de las fichas bibliográficas había una carta llamada Shyam. La instrucción era: "Imita a Shyam lo mejor que puedas, joven". Shyam llamaba "joven" a todos.

Sasha era su estudiante favorite.

—Une erudite —llamaba Shyam a Sasha, el mayor elogio que podía dar—. No erudite en formación. Erudite en toda regla.

El 5 de noviembre, de camino al trabajo, Shyam escuchó en la radio que habían quemado a alguien en un autobús, pero no fue hasta que Sasha faltó a la escuela que supo de lo ocurrido. No recuerda con exactitud cómo se enteró. De hecho, no recuerda mucho nada.

—Borré esa semana de mi memoria —dice.

En sus quince años de docencia, jamás había permitido que nada interfiriera con su trabajo, ni siquiera cuando su abuela murió. Recibió la noticia en medio de una clase y siguió enseñando.

—Es lo que ella hubiera querido —explica—. Para mí, la enseñanza es sagrada.

Sin embargo, después de que quemaron a Sasha, no pudo dar clases. Siguió asistiendo a diario, pero solo entregaba hojas de ejercicios a sus estudiantes. Sasha siempre se había sentado en el mismo lugar. Ahora, ese asiento estaba vacío. Shyam ni siquiera podía mirar hacia esa parte del salón.

—Los estudiantes que se sentaban ahí no recibían ningún contacto visual de mi parte —dice.

Jasmine estaba mirando la televisión cuando vio que la policía había arrestado a un sospechoso por el ataque con fuego en el autobús que había salido en todos los noticieros. Aunque el presentador no dijo el nombre ni mostraron su rostro en la transmisión, el corazón de Jasmine empezó a latir con fuerza cuando, en la pantalla, apareció de espaldas un muchacho esposado que subía los escalones del departamento de policía. Su ropa era la misma que Richard se había puesto para ir a la escuela esa mañana.

—Reconocí a mi niño en cuanto lo vi —dijo Jasmine—. En cuanto vi su cuerpo, su postura, supe exactamente quién era.

Llamó a Kaprice, que le confirmó que Richard había sido arrestado. Entonces empezó a llamar a todas las personas que le vinieron a la mente: el padre de Richard, su oficial de libertad condicional, la estación de policía. Nadie supo decirle dónde estaba, así que se sentó a mirar las noticias y a esperar a que alguien se pusiera en contacto con ella. Richard nunca la llamó. En su lugar, llamó a su padre, tal vez porque no quería enfrentarse a la decepción de su madre. Para cuando Jasmine pudo verlo, seis días después, la fiscal de distrito había decidido acusar a Richard como si fuera un adulto y su nombre estaba en todas las noticias.

LA ENTREVISTA, PARTE 1

Cuando Richard llegó a la estación de policía, el día de su arresto, los oficiales lo metieron al cuarto de interrogatorios 202 y le ordenaron que se quitara los cordones de los zapatos, el cinturón, el pañuelo de la cabeza y el cordón de su sudadera con capucha. Luego lo dejaron ahí.

El cuarto era pequeño y destartalado. El único mobiliario eran una mesa rectangular y tres sillas con asientos de plástico azul. El yeso de las paredes estaba roto y descascarado. Había pedazos regados en el suelo, como si alguien hubiera golpeado la pared y nadie se hubiera tomado la molestia de barrer. Richard se inclinó hacia adelante y apoyó la frente en el borde de la mesa. Pasaron los minutos. Se incorporó y se frotó los ojos con dos dedos. Volvió a reclinarse en la silla y se quedó mirando al piso. Se inclinó, con la barbilla apoyada en los brazos. Acunó la cabeza en las manos. Se enderezó y apoyó la barbilla en sus palmas. Pasaron diez minutos. Veinte. Treinta.

Al cabo de una hora, un oficial se asomó al cuarto para darle una bolsa de papel con el almuerzo. La desempacó: contenía un refresco, un sándwich de pavo y unas SunChips. Alisó la bolsa y puso el sándwich encima. Luego juntó las manos y agachó la cabeza. Se santiguó tres veces. Después comió el sándwich.

Tenía la cabeza sobre la mesa cuando los oficiales Anwawn Jones y Jason Anderson entraron al cuarto, dos horas y diecinueve minutos después de haberlo metido ahí. Lo pasaron a la silla del centro y se sentaron a cada lado.

—¿No te comiste todas tus papas? —le preguntó el oficial Jones.

Era alto y afroamericano, con cabeza afeitada, lentes y una actitud afable.

—Me estaba doliendo un poco el estómago —respondió Richard.

Los oficiales le aseguraron que querían que todo fuera tranquilo. Le preguntaron por su vida: dónde vivía, qué deportes practicaba.

—¿Cómo te va en la escuela? —preguntó el oficial Jones.

—Me estaba yendo bien —admitió Richard—, pero después empeoré. La escuela no se me da bien. Hay demasiadas distracciones. Necesito un ambiente más pequeño, donde pueda concentrarme.

—Muchos chicos no entenderían eso —dijo el oficial Jones, asintiendo—. Yo tenía el mismo problema cuando era joven.

—¿Tienes novia? —preguntó el oficial Anderson.

Era blanco y corpulento. A pesar de que sonreía mucho, su actitud amistosa parecía forzada.

—He estado buscando —dijo Richard.

—¿Buscando? —preguntó Anderson con una sonrisa—. ¿Estás a la caza?

—Sí, pero sin resultados —respondió Richard.

—¿Había chicas en Redding? —preguntó Anderson—. ¿Eran *cool*?

Richard se veía confundido. Les explicó que había estado en un centro de acogida de menores en Redding y que no le permitían juntarse con chicas.

Jones estaba sentado con una mano en la rodilla y la otra en su cuadernillo.

—¿Aprendiste algo en el centro de acogida? ¿Aprendiste alguna lección importante al estar lejos de tu familia?

—Fue difícil —admitió Richard—. Me tomó un tiempo acostumbrarme y luego empezó a irme bien, pero mi mejor amigo de toda la vida, mi mejor amigo desde siempre, falleció. Entonces tuve una pequeña crisis nerviosa.

—¿Qué le pasó a tu amigo? —preguntó Jones.

—Lo mataron.

Conforme la conversación continuaba, Richard se mostró franco, casi confiado. Les contó cómo lo atracaron, cómo alguien que creía su amigo le tendió una trampa.

—Ahora me cuesta confiar en la gente —le dijo a los oficiales.

—Bueno, así está la cosa —dijo al fin el oficial Jones—. Voy a explicarte por qué estás aquí. Queremos hacerte unas preguntas para poder tener tu lado de la historia, tu versión de lo que pasó. Antes, quiero leerte tus derechos.

ADVERTENCIA MIRANDA

—Tienes derecho a guardar silencio. Todo lo que digas podrá ser usado en tu contra en un tribunal. Tienes derecho a hablar con un abogado y tenerlo presente contigo mientras se te interroga. Si no puedes pagar un abogado, se te asignará uno para que te represente antes de cualquier interrogatorio. ¿Entiendes los derechos que acabo de explicarte?

—¿Por qué hablaste? —le preguntaría más tarde Jasmine a Richard—. Debiste esperar a hablar conmigo, con tu padre o con un abogado.

Pero los estudios demuestran que más del 90 por ciento de los jóvenes interrogados por la policía no esperan a comunicarse con un abogado y no entienden los derechos que les leen los oficiales. Hacen lo mismo que hizo Richard: hablan.

—Los chicos no van a pedir la presencia de uno de sus padres por iniciativa propia —explica Barry Feld, profesor de derecho en la Universidad de Minnesota y uno de los principales expertos en justicia penal de menores en el país—. Sienten vergüenza y, en sus cerebros adolescentes piensan que, de alguna manera, sus padres no van a enterarse. Están pensando: "¿Cómo salgo de aquí?".

—Le leyeron sus derechos y le preguntaron si entendía. Y no entendió —dice Jasmine—. Sé que fue así porque *yo* apenas entendí. Cuando estamos en la corte, no entiendo nada hasta que el abogado me lo explica.

LA ENTREVISTA, PARTE 2

—¿Tienes buena memoria, verdad? —preguntó el oficial Jones al terminar de leerle sus derechos a Richard—. Dame el resumen de lo que estabas haciendo, digamos, ayer, digamos que después de la escuela. Desde la salida hasta, digamos, las ocho o nueve de la noche.

Richard le contó que Lloyd se reunió con él en el portón de la escuela, al final de las clases; que lo acompañó a recibir el teléfono de alguien, proceso que tomó cerca de dos horas. Luego describió cómo subió al autobús y contó que había un hombre con falda a bordo. Dijo que acababa de bajar del bus 57 para subir al expreso cuando oyó gritos y regresó corriendo. Cuando abrieron la puerta del bus, vio que la falda del hombre estaba en llamas.

—¿Qué piensas de los chicos que usan falda? —preguntó Jones.

—Nada que ver conmigo —dijo Richard—. No diría que odio a la gente gay, pero soy bastante homofóbico.

Jones asintió.

—Okey. ¿Por qué te describes como homofóbico?

—No tengo ningún problema con alguien a quien le gusten los hombres, pero a veces exageran demasiado. A nadie le importa, de verdad.

—¿Hacer demasiado?

—Llevarlo al siguiente nivel —explicó Richard.

Jones le pidió un ejemplo del siguiente nivel.

—El travestismo y, o sea, algunas personas, como que tratan de que todos sepan que son eso y siempre se están exhibiendo y… es demasiado.

Jones giró su lápiz en círculos sobre su cuadernillo, como la ruleta de un juego de mesa.

—Mucha gente comparte esas mismas posturas —dijo—. Gente que se exhibe para que todos las vean.

Entonces le pidió a Richard que volviera a repasar los sucesos del autobús.

—Creo que hay algunas partes en las que no has sido completamente sincero con nosotros —dijo cuando Richard terminó—. Eres un buen chico. Me gusta que las personas sean sinceras conmigo. Seré sincero contigo y espero que lo seas conmigo.

Le pidió que describiera la ropa que él, Lloyd y Jamal llevaban puesta en el autobús el día anterior. Después, le pasó unas fotografías sobre la mesa.

Richard. Lloyd. Jamal.

Richard las recogió. Las examinó.

—Es bastante obvio que tenemos imágenes —dijo Jones mientras metía las fotos bajo su cuaderno—. Y, para que sepas, no son fotos fijas. Son imágenes tomadas de un video.

—Los dos buses en los que estuviste tienen cámaras de video y audio —añadió Anderson—. Con eso en mente, quiero que te tomes un momento y reconsideres la historia que nos contaste. Quiero que nos digas lo que *de verdad* pasó.

—No eres un mal chico —prosiguió Jones—. A veces tomamos decisiones que no son las mejores. Tomando en cuenta que sabes que tenemos video y el video muestra todo lo que pasó en ese autobús… todo… este es un momento de tu vida en el que tienes que decidir si vas a hacerte responsable de tus acciones, si vas a ser sincero. Porque ese chico del autobús cuya falda ardió en llamas se quemó mucho.

—¿Puedo ver el video? —preguntó Richard.

LA ENTREVISTA, PARTE 3

Solo le mostraron un pequeño fragmento del video, pero eso bastó. Richard se hundió en su silla, con una mano metida en el bolsillo.

—¿Por qué le prendiste fuego a su ropa? —preguntó el oficial Anderson.

—Por estúpido —la voz de Richard era débil.

—¿Qué pasaba por tu mente?

—Nada.

—¿Has hecho esto antes?

—No.

—¿Qué podría hacerte pensar en prenderle fuego así a algo, a la ropa de alguien? —insistió Anderson—. Ese chico tuvo quemaduras graves. No se fue a su casa. Ahora mismo está esperando una cirugía en un hospital de San Francisco. Quedó muy mal. ¿Qué pasaba por tu mente cuando decidiste prenderle fuego a su ropa?

—Nada. —Ahora era un susurro.

—¿Fue porque el chico llevaba falda? ¿Tenías un problema con él?

—No sé.

—Las personas actúan por alguna razón —dijo el oficial—. Todos hemos tomado decisiones en la vida que tal vez no fueron las mejores en su momento. Lo que estamos tratando de averiguar es por qué pasó.

—Soy homofóbico —dijo Richard al fin—. No me gusta la gente gay.

—¿De verdad? ¿Y tuviste algún problema al verlo en el bus?

—No sé en qué estaba pensado —dijo Richard—. Solo reaccioné.

—¿Jamal o tu primo Lloyd te dijeron que lo hicieras?

—No.

—Sé que dijiste que no sabías qué pasaba por tu mente —dijo el oficial Jones—. Pero, ¿te enojaste porque era un chico gay con falda, porque no solo era gay sino que "hacía demasiado"?

—De hecho, la verdad es que no sabía que a su falda iba a pasarle eso, no sabía que iba a incendiarse así —respondió Richard abruptamente—. O sea, era una llamita. Pensé que iba a apagarse sola.

Pero ya era tarde para dar marcha atrás. En los documentos de la acusación, el oficial Jones escribió con mayúsculas: *DURANTE LA ENTREVISTA, EL SOSPECHOSO AFIRMÓ HABERLO HECHO PORQUE ES HOMOFÓBICO.*

La noticia corrió con rapidez, primero en medios de comunicación locales. Luego nacionales y después, internacionales.

"Un hombre que vestía una prenda semejante a una falda escocesa fue quemado mientras dormía en un autobús público en Oakland, California, durante las horas de la tarde", reportó la agencia noticiosa Reuters.

"Un pasajero en un autobús público de Oakland, California, recibió quemaduras en las piernas luego de que alguien incendiara su falda escocesa", escribió UPI.

Las palabras *falda escocesa* parecían incrustadas en la mente de los periodistas. Estaban en todos los reportajes, como si Sasha regresara a casa después de un ensayo de gaita. El *Daily Mail*, en el Reino Unido, incluso ilustró la noticia con una foto de una falda escocesa, explicando que se trataba del "atuendo nacional de Escocia".

A Debbie, esto le parecía horrible. Sasha no vestía una falda escocesa, vestía una falda común y corriente, y Debbie estaba muy segura de que esa falda era el motivo por el que habían quemado a Sasha. Por eso, cuando un reportero se presentó en su casa, comenzó a explicarle:

—Sasha se considera agénero —dijo—. Le gusta usar falda. Es una declaración. Se siente cómodo vistiéndose así.

Solo más tarde cayó en cuenta de que se había equivocado con los pronombres.

Healy le envió un mensaje instantáneo a Michael a las 9:16 p. m. del martes, 5 de noviembre.

Healy: cómo estás

Michael: más o menos

y tú?

Healy: [tecleando al azar]

fohasjofpivcskm

Michael: ajá

Healy: sí

entiendes

Michael: por fin me cayó el veinte en clase de física

Healy: A mí en ciencias pero no quería llorar (aunque lo hice) pero luego también cuando lo vi en las noticias

¿?

O sea esto es de verdad no es falso hay gente que no conozco que ya vio esto debe haber personas que he conocido en convenciones o con las que he hablado en internet o algo que lo han visto y pensaron que es una jodida locura

Es aterrador

Michael: sí…

supiste que el primo de sasha empezó una recaudación para ayudar a pagar las cuentas del hospital?

Healy: Sí, lo vi

ya ha recaudado unos 2M

Michael: qué bien

Healy: no sé

parece que está respondiendo mensajes? solo para que sepas

Michael: en serio!?!

¿qué te hace pensar eso?

Healy: Sí, respondió uno de Nemo, aunque puede que esta noche no conteste pq mañana es su primera cirugía

Michael: sasha debe estar medicadísime…

Healy: Quieres saber un dato curioso?

Por lo general la gente escribe peor si empieza a llorar

Michael: bueno, me alegra que esté en contacto

hace rato dejé un mensaje en su celular

Healy: sí, yo también!

Eso hice, y le mandé un texto MUUUUUUY largo

Michael: ay

ahora siento que debería hacer algo más

Healy: sí bueno soy una persona ansiosa

Espera eso no debe hacerte sentir mal

no te sientas mal

Michael: bueno, iba a empezar con los ensayos de biología esta noche

Healy: YO TAMBIÉN

pero no lo he hecho

Michael: pero de ninguna manera voy a poder concentrarme

Healy: sí…

esta noche básicamente no he hecho nada

Michael: quiero pedirle una prórroga a shyam, pero siento que eso sería beneficiarme de la lesión se sasha…

Healy: sí, pensé en eso, pero me parece injusto y me niego

prefiero desvelarme, bueno, no es que lo prefiera

solo parece una opción mejor/más moral ¿?

algo así

...De verdad estás bien? No creo que estés tan bien como quieres que todos crean

Michael: no sé cómo me siento

mis emociones cambian de un minuto a otro

Healy: Sí, no sé, me siento como... insensible ahora mismo

Michael: paso de estar a punto de llorar a mares a sentirme abatido

no quiero hacer nada en este momento

tarea? no

cookie clicker? no

quiero compartir un enlace a un reportaje sobre sasha, pero no sé qué escribiría y como que no quiero hablar de eso en facebook

Healy: sí, todo se siente mal

viste el video que te mande?

me pareció bien

a ti?

Michael: sí

ese tipo al final estuvo medio raro

"creo que pudo ser por los videojuegos"

ese tipo era raro...

Healy: sí, lo era

no me cae bien

"No sabemos con certeza" pero yo estoy muy segura de que fue un crimen de odio, no sé tú, tipo raro

Michael: sí

no hay forma de que no lo haya sido

Healy: ajá

tengo que irme

disfruta tu noche

Michael: sí, claro

duerme bien

INGRESADO

La patrulla entra por la poterna a un costado del Centro de Detención de Menores del Condado de Alameda y los oficiales te escoltan a la sala de admisión. En la pared hay un letrero que dice:

RETIRAR TODAS
LAS PERTENENCIAS
EN ESTA ZONA
INCLUYENDO
***PIERCINGS*, PELUCAS**
Y EXTENSIONES DE CABELLO
REMOVIBLES

La policía ya te quitó tus pertenencias y las guardó en una bolsa con tu nombre. Ahora, un empleado del centro de detención le pide al oficial que te quite las esposas.

—Quítate los zapatos —te dice el empleado.

Te cachea y te hace pasar por el detector de metales ViewScan, que encontrará cualquier arma oculta. Otro letrero explica:

AVISO:

NO DEVOLVEMOS

CIGARRILLOS

ENCENDEDORES/FÓSFOROS

HERRAMIENTAS, CUCHILLOS, DROGAS,

PARAFERNALIA DE PANDILLAS

NI CUALQUIER ARTÍCULO

QUE SE CONSIDERE INAPROPIADO

PARA MENORES DE EDAD.

Se llevan tu ropa y te entregan el reemplazo: pantalón caqui, camiseta verde, sudadera gris pizarra. Ropa interior: sostén y pantis blancas para las chicas, bóxers blancos para los chicos, medias blancas para todos. Zapatos negros cuadrados y chanclas para la ducha. Puedes ducharte ahora mismo, si quieres. La mayoría lo hace. Lo más probable es que estés sudado.

Una vez vestido, irás al tanque de retención. Hay cinco de estas cajas de concreto con paredes pintadas de blanco. Dentro hay un lavabo, un inodoro de acero inoxidable y un teléfono para comunicarte con el personal. Más nada. Puede que estés solo ahí o, si es un día ajetreado, tal vez estés con otra persona. Eso sí, siempre se cercioran de no poner juntos a dos chicos que tengan algún pleito previo, no quieren peleas.

Una vez que encuentren tus papeles, empezarán el proceso de ingreso penitenciario. Te permiten dos llamadas telefónicas: una a un padre o tutor. La otra a tu jefe, si tienes trabajo o a tu oficial de libertad condicional, si tal es tu situación. Luego pasarás por un examen médico.

—¿Tomas algún medicamento? ¿Alguna lesión en las últimas veinticuatro horas?

Te ofrecerán una prueba de VIH y, si eres chica, una prueba de embarazo. Si has estado ahí antes, ya tienes expediente médico. Lo repasarán. Puede que pregunten:

—¿Cómo va tu asma?

Luego llega la hora de las fotografías y la toma de huellas dactilares. Documentan tus cicatrices y tatuajes. Ponen tus huellas en la base de datos. Entonces, ya está. Has ingresado. Todo el proceso dura menos de una hora.

Recorres un largo pasillo con paredes color amarillo mostaza. El piso es de linóleo, reluciente, con un diseño de cuadros en tonos café, amarillo y *beige*. Los chicos más jóvenes, acusados de delitos graves, van a la unidad 4: una de las dos unidades de máxima seguridad. Cada unidad tiene treinta habitaciones individuales distribuidas en dos niveles, uno superior y otro inferior. Actualmente, las unidades solo están a media capacidad.

Las puertas son azules, las escaleras son azules. Las habitaciones son amarillas y no tienen nada más que una litera azul, un lavabo y un inodoro de acero, así como un teléfono junto a la puerta. Ocho por ocho pies, intensamente iluminadas. Una puerta de acero con una rendija. Si eres como la mayoría de los chicos, una vez que la puerta se cierra de golpe, te pararás ante esa ventana para mirar hacia afuera.

No hay mucho que ver, a menos que cuentes tu reflejo borroso en el espejo de metal sobre el lavabo. Nada que hacer excepto mirar la tajada de mundo que se ve por ese rectángulo de cristal o acostarte en el colchón cubierto de vinilo azul, cerrar los ojos y tratar de parar los golpes que tu corazón da contra el pecho.

No saldrás de la unidad en un buen rato, excepto para comparecencias y horas de visita los fines de semana: tres horas en sábado o domingo, solo padres o tutores, nada de hermanos. Excepto por las sesiones de educación física, que se dan en el gimnasio al final del pasillo y una visita a la unidad médica, todo lo que hagas lo harás aquí, en esta unidad, con estas mismas personas. La escuela es aquí. Las comidas son aquí. La capilla es aquí. El peluquero viene dos veces por semana a cortar cabello en la silla del rincón. La enfermera viene aquí. El consejero también. El patio de recreo está al otro lado de la puerta.

Hay otro patio de recreo, grande y abierto, con tres canastas de basquet. Está rodeado por alambre de púas, pero también por colinas, árboles y cielo: una vista panorámica del mundo, *el mundo*. Pero si te han acusado como adulto, no puedes estar ahí. Harás tus ejercicios en el patio triangular de treinta por veinte yardas afuera de la unidad, que tiene un mural de vida silvestre encima de la canasta de basquet. Si inclinas la cabeza, verás un pedazo de cielo, con forma de rebanada de pastel, a través de una malla de alambre.

Después de ingresarte por un delito grave —homicidio, tentativa de homicidio, prenderle fuego a una persona en un autobús—, te meten en un cuarto con cámara las primeras veinticuatro horas. Saben que, en cuanto estés a solas, caerás en la cuenta de lo que hiciste, de lo que podría pasarte. Así que te vigilan para asegurarse de que tu siguiente víctima no seas tú mismo.

La primera mañana en el hospital, la ansiedad abrumaba a Sasha. No quería comer, no podía retener ningún alimento. Es una reacción común después de perder piel: un miedo frío y húmedo. Por eso, los sedantes y los ansiolíticos son tan importantes como los analgésicos en el tratamiento de quemaduras.

Necesitaba comer. Las víctimas de quemaduras requieren nutrición adicional para sanar y Sasha no era de mucho comer. El nutricionista del hospital quiso darle un suplemento alimenticio por medio de una sonda insertada en su nariz. Al principio, Sasha se opuso porque el suplemento no era vegano, pero Debbie y Karl le persuadieron de, por una vez, dejar sus principios a un lado.

—Esto servirá para que salgas de aquí más pronto —le prometieron.

La mañana siguiente, el 6 de noviembre, entró a cirugía. En el quirófano, el doctor Grossman retiró la piel quemada y muerta, cortando delgadas capas de tejido hasta llegar a donde sangraba. Luego cubrió la herida abierta con un injerto temporal de piel de cerdo. Este xenoinjerto, como se le conoce, duraría hasta que el tejido subyacente se hubiera regenerado lo suficiente como para suministrar sangre al injerto definitivo.

A estas alturas, el nombre de Sasha ya estaba en las noticias. Mientras Debbie y Karl hablaban con el director de la unidad en la estación de enfermería, llegó una llamada de la recepción. Alguien había venido a visitar a Sasha. El hombre dijo llamarse Max y ser "un pastor de la ciudad de Sasha". Después de eso, Debbie y Karl redactaron una breve lista de visitantes aprobados, junto con un plan para lidiar con la prensa.

Esa tarde, Sasha revisó las noticias en línea, pero el espectáculo no despertó su interés. Su mente divagaba, embotada por los analgésicos y sedantes. Recibir noticias del mundo exterior era como escuchar la radio mientras conducía por las montañas: las voces lejanas sonaban claras un momento, luego se distorsionaban y se convertían en estática.

Debbie y Karl no le contaron a Sasha, pero Debbie había hablado con uno de los oficiales de policía que entrevistaron a Richard. Tomó notas de lo que el oficial le contó sobre él:

"Dijo que es homofóbico. Se rio".

Michael le escribió a Healy a las 7:02 p. m. del miércoles, 6 de noviembre.

Michael: oye, estás ahí?

Healy: shi< je suis

Michael: ¿cómo estás?

Healy: [tecleando al azar]

uhfwcanovdwbjhgwoeaihs

Pude escribirle a sasha mientras hacía de niñera

Eso estuvo bien

Michael: bien

sí, yo le hablé por skype hace un rato

oye, gmail dice que está conectade

me da gusto ver que esté consciente

Healy: sí, ACABO de escribirle, hace como 20 min

Michael: ciertamente

Nemo y yo vamos a visitarlo mañana

*visitarle

Healy: Oh, qué bien

ojalá yo pudiera

no sabía que se permitían visitas

bueno, tal vez vaya el viernes (¿?)

puedo llevarle una foto del día de faldas por sasha

Michael: día de faldas por sasha?

Healy: no te enteraste? el viernes todos vamos a usar falda por sasha, y vamos a tomar una foto

Michael: nadie me lo dijo

lo apruebo

Healy: VOY A USAR FALDA

Es algo grande

Odio las faldas

Michael: je

sasha ya sabe de esto?

Healy: nooooooo es sorpresa no le digas

Michael: será divertido

Healy: así es

cómo te sientes TÚ?

Michael: mucho mejor

fue buena idea tomarme un día libre

Healy: eso es bueno

hablar con elle me ayudó, pero todavía estoy muriendo por dentro

Ahora me siento de la mierda, Y no he terminado mi tarea

Michael: sí... yo tampoco he hecho mucho hoy

me espera una noche larga...

Healy: No puedo dormir

Cada vez que cierro los ojos, me asusto

Anoche no dormí más que una o 2 horas

Michael: :(

yo estaba exhausto

me dormí en cuanto mi cabeza tocó la almohada

Healy: sí, pero yo estaba así de, o sea, piénsalo, se despertó y estaba en llamas

CARGOS

Dos días después del arresto de Richard, la oficina de la fiscal de distrito reveló su nombre a los medios de comunicación. Se le acusaba como si fuera adulto, lo cual significaba que ya no gozaría de las protecciones concedidas a delincuentes juveniles, una de las cuales es el anonimato. Lo acusaron de dos delitos graves: "mutilación agravada" y "ataque con intención de causar daño corporal grave". Cada cargo contenía, además, una cláusula de crimen de odio que añadiría de uno a tres años a la sentencia de Richard en una prisión estatal. Si lo condenaban, enfrentaba una sentencia máxima de cadena perpetua, castigo que jamás habría enfrentado si lo hubieran acusado como menor de edad.

—La conducta criminal, violenta y sin sentido [de Richard] provocó lesiones graves y traumáticas a una víctima joven y completamente inocente —dijo la fiscal de distrito del condado de Alameda, Nancy O'Malley—. El carácter intencional y despiadado del delito es indignante y no será tolerado en nuestra comunidad.

Lloyd y Jamal jamás fueron interrogados, arrestados ni acusados.

"**Detente un momento**, imagina que te ves forzado a permitir que te esposen y fíjate en qué clase de sentimientos te provoca", escribió un abogado de Chicago, de nombre John P. Altgeld, en su libro titulado *Our Penal Machinery and Its Victims*, de 1884. Argumentaba que "el sometimiento a ese acto de degradación prepara a más de un joven varón para una carrera delictiva". El lector recorre, junto a Altgeld, la experiencia de un delincuente juvenil que comienza con el acusado, generalmente arrestado por vagabundeo o alteración del orden público, pasando la noche en la estación de policía entre criminales de mayor edad y agresividad. Compara el sistema de justicia penal con "un gran molino que, de una u otra forma, suministra su propia molienda; un remolino que toma a sus víctimas del exterior y las mantiene girando en círculos hasta que las traga en su vórtice".

Altgeld fue parte de un movimiento encabezado por dos destacadas reformistas, Lucy Flower y Julia Lathrop, cuya labor condujo al establecimiento del primer tribunal de menores de la nación, en el condado de Cook, Illinois, en 1899. Estas reformistas argumentaban que los delincuentes juveniles eran distintos de los adultos. Eran obras inconclusas, maleables y susceptibles de ser conducidos al buen camino si la ley actuaba como un padre estricto, pero amoroso y no como un instrumento de castigo.

La idea de que los delincuentes juveniles son fundamentalmente distintos de los adultos duró más de ochenta años. Luego llegó la ola delictiva de fines de los años 80 y principios de los 90. Conforme el *crack* y las armas inundaban las ciudades, y las pandillas se disputaban el territorio, el índice de crímenes violentos entre jóvenes de quince a diecisiete años se duplicó, al igual que para los de dieciocho a veinte. John J. Dilulio Jr., politólogo que en ese entonces trabajaba en Princeton, argumentó que estábamos ante un nuevo tipo de delincuente juvenil, radicalmente distinto de los adolescentes rebeldes de antaño. Los llamó "superpredadores".

"Un superpredador es un delincuente juvenil que es tan impulsivo, tan despiadado, que puede matar, violar y mutilar sin pensarlo dos veces", explicó. Advirtió que el número de estos adolescentes "sin padre, sin Dios y sin oficio" iba en aumento. Predijo que, para mediados de la década de 2000, el número se duplicaría o incluso triplicaría, desatando un maremoto de violencia sobre la nación. "La mitad de estos superpredadores juveniles podrían ser jóvenes varones negros", escribió Dilulio en un artículo de 1996 titulado "Mi problema con el crimen negro y el nuestro".

En respuesta, estado tras estado aprobaron leyes de expediente directo (*direct-file laws*, en inglés) que permitían que los delincuentes juveniles fueran transferidos a tribunales para adultos si cometían ciertos delitos.

—No hay delito violento que sea juvenil —tronó Newt Gingrich, a la sazón presidente de la Cámara de Representantes de Estados Unidos—. Si violas a alguien, eres adulto. Si le disparas a alguien, eres adulto.

En California, la Propuesta 21 fue aprobada por un 62 por ciento de los votantes en marzo de 2000. Esta medida, anunciada como mano dura contra la violencia de las pandillas y los tiroteos desde vehículos en movimiento, aumentó las condenas para ciertos delitos y otorgó a los fiscales la facultad de decidir si querían presentar cargos en un tribunal de adultos contra delincuentes de hasta catorce años. Anteriormente, los fiscales que deseaban acusar a un delincuente juvenil como adulto tenían que argumentar el caso en una audiencia de aptitud, ante un juez del tribunal de menores. La Propuesta 21 los facultaba para tomar la decisión por sí mismos en ciertos casos y, en otros, la tomaba por ellos. Algunos delitos, sobre todo sexuales, ahora *tenían* que procesarse en un tribunal de adultos.

A los nueve meses de la entrada en vigor de la Propuesta 21, 30 por ciento de todos los delincuentes adolescentes en California eran procesados como adultos. En algunos condados, el porcentaje era mucho mayor. En el condado de San Diego, por ejemplo, tres de cada cuatro delincuentes juveniles habían sido procesados como adultos al final de ese primer año.

Esto no se debía a que hubiera más jóvenes delinquiendo. Las tasas de arrestos juveniles empezaron a decaer en 1994 y han seguido bajando desde entonces. Hoy en día, el índice de delitos violentos juveniles del FBI, que mide los arrestos por homicidio, violación, atraco y agresión agravada, es más bajo que en 1980 y esto se aplica a todos los grupos raciales. De hecho, la tasa de delitos violentos entre jóvenes negros ha disminuido en un 60 por ciento en las últimas dos décadas y la de homicidios ha disminuido en un 82 por ciento.

El apocalipsis de los superpredadores era un mito.

No obstante, muchas de las leyes que el pánico puso en papel siguen vigentes. Aunque los votantes de California revocaron efectivamente la Propuesta 21 en 2016, muchos estados continúan tratando a los delincuentes juveniles como adultos. Se estima que, cada año, unos 250,000 delincuentes juveniles son transferidos a tribunales de adultos en los Estados Unidos. En California, tres cuartas partes de estos delincuentes son transferidos por fiscales que aplican el arbitrio conferido por la Propuesta 21. Este arbitrio no se ha aplicado equitativamente. Un análisis de 2012, efectuado por el Departamento de Justicia de California, reveló que las acusaciones contra jóvenes negros tenían más del doble de probabilidad de presentarse directamente en tribunales de adultos que aquellas contra jóvenes blancos, mientras que las acusaciones contra jóvenes latinos tenían más del séxtuple de probabilidad. La disparidad no terminaba ahí: una vez presentados ante el tribunal de adultos, los delincuentes juveniles negros y latinos tenían muchas más probabilidades de cumplir condena. En 2012, solo un tercio de los delincuentes juveniles blancos fueron sentenciados a centros penitenciarios estatales, fueran para menores o para adultos, mientras que los dos tercios restantes obtenían libertad condicional o cumplían su condena en cárceles del condado. Para los chicos racializados, la proporción era inversa: dos tercios cumplían condena en penitenciarías estatales y un tercio recibía libertad condicional o cárcel del condado. A nivel nacional, 58 por ciento de todos los jóvenes afroamericanos encarcelados cumplen su condena en prisiones para adultos.

—Lo que hizo fue algo terrible —dijo Jasmine después de que Richard fuera acusado formalmente—. No estoy defendiendo sus acciones porque fue muy terrible. Aun así, Richard era capaz de cometer un error sumamente estúpido, pero también era capaz de aprender de él. ¿Cadena perpetua para un chico de dieciséis años? Es ridículo —añadió—. Tienen que darle tiempo de crecer. ¿Por qué encerrarlo, recluirlo y volverlo peor?

CITA EN LA CORTE

El 7 de noviembre, el día que Richard tuvo su primera comparecencia en la corte, los reporteros abarrotaban los pasillos.

—¿Qué clase de chico es? —gritó uno mientras Jasmine y su hermana Juliette subían al elevador con la abuela de Richard.

—Es un buen chico. Un *muy* buen chico —dijo la abuela, que también se llamaba Juliette.

—¡Por qué cree que hizo eso? —preguntó otro reportero.

—No sé. Estaba con sus amigos, bromeando, eso es todo —respondió ella.

—No es mala persona. Si lo conocieran, sabrían que siempre está bromeando —dijo la tía de Richard en otra entrevista—. No debió hacer lo que hizo. Me siento muy mal.

Jasmine también habló con la prensa fuera de cámara.

—Lamento mucho las acciones de mi hijo —dijo—. Yo no lo crie así.

Eso fue lo que dijeron.

Pero lo único que los demás parecían oír era: "Estaba bromeando".

"Prenderle fuego a alguien por su ropa no es una broma fuera de control", dijo en un editorial el *Bay Area Reporter*, un periódico dirigido a la comunidad LGBTQ. "Es un delito grave, como correctamente lo consideran los fiscales del condado de Alameda y [Richard] seguramente no está riéndose de la posibilidad de pasar su vida en prisión por no haber podido soportar que alguien se vistiera diferente".

Los foros en línea hervían de indignación.

"A la madre del chico de 16 años que prendió el fuego: ¿a eso llama bromear? Imagine que el chico la incendiara a usted; que quemara, digamos, el 90% de su cuerpo. ¿Eso sería bromear? ¡Su hijo merece cadena perpetua por tentativa de homicidio!", escribió un hombre llamado Brian Weil en una página de Facebook contra el *bullying*. El comentario recibió 160 *likes*.

En sitios de noticias, blogs y foros de todo el país, la conclusión era la misma: enciérrenlo. Tiren la llave. Y encierren también a la madre, ya que estamos en eso.

Varios sugerían cosas mucho peores.

TAMBALEÁNDOSE

Jasmine sentía que el mundo se había salido de su eje.

Era imposible, y sin embargo era cierto.

Richard le había hecho daño a alguien, hecho daño de verdad. A alguien que no le había hecho nada a los demás.

Estaba enojada con Richard. Estaba enojada con Lloyd. Estaba enojada consigo misma. Estaba enojada con la sociedad. ¿Cómo era posible que esto hubiera sucedido?

Sabía lo que la gente decía sobre Richard y sobre ella. Había visto los comentarios en internet. Su hermana Juliette le aconsejó que no le dijera a nadie del arresto de Richard, pero no pensaba esconderse.

—Si tienen algo que decir, algún comentario negativo, llévenselo a Dios —le decía a cualquiera que preguntara por Richard—. Recen por él.

EL ESCRITORIO

Nancy O'Malley, la fiscal de distrito del condado de Alameda, trabajaba en un pesado escritorio de madera oscura que había sido utilizado por Earl Warren, el juez de la Corte Suprema de Estados Unidos cuyo tribunal decretó que la segregación de las escuelas públicas era anticonstitucional en el histórico fallo de 1954, Caso Brown contra el Consejo de Educación. O'Malley, una rubia carirredonda con temperamento brusco y práctico, era conocida por su cruzada por los derechos de las mujeres y los niños. Sus prioridades como fiscal incluían combatir el tráfico sexual, la violencia doméstica y el abuso infantil. Tenía reputación de ser dura, pero justa. Su oficina tenía uno de los índices de expediente directo más bajos del estado. Sin embargo, en este caso en particular, O'Malley no tuvo reparos en procesar a Richard como adulto.

—El delito es muy, muy, muy grave —explicó—. De no ser por unos cuantos buenos samaritanos, Sasha bien podría haber muerto. El muchacho le prendió fuego a la falda de Sasha en el autobús, en pleno día y ese es un comportamiento muy, muy perturbador. Si el acusado no cambia y se rehabilita, es una persona muy peligrosa para nuestra sociedad y una verdadera amenaza para cualquiera.

Una amenaza, argumentó, porque los crímenes de odio son discriminación, tal como lo fue la segregación. Como ocupante del escritorio de Earl Warren, estaba decidida a combatir la discriminación dondequiera que se encontrase.

—En este país tenemos una historia, una larga historia de pueblos y culturas que han sido maltratados por su raza, su género, su religión y todas las clases protegidas que hemos identificado bajo la ley —explicó—. Así que, si alguien comete un delito atroz contra otra persona solo porque esta es miembro de una clase protegida, eso es un acto de discriminación deliberado. Es importante demostrar que este tipo de comportamiento no será tolerado jamás.

Hasta mediados de los años 80, la ley no distinguía entre los delitos motivados por el prejuicio y los motivados por el dinero, la pasión o el aburrimiento. El homicidio era homicidio y el vandalismo era vandalismo. El término *crimen de odio* se acuñó en respuesta a lo que en su momento se describió como una "epidemia" de violencia perpetrada por neonazis y *skinheads*, aunque, en retrospectiva, no está claro que tal epidemia existiera realmente. Desde entonces, el número de acusaciones de delitos motivados por el prejuicio ha ido en constante descenso. En California, un estado con casi 39 millones de habitantes, las acusaciones por crímenes de odio han disminuido en 48 por ciento desde 2003, con solo 158 delitos por prejuicio reportados para proceso en 2012 (no obstante, dado que los delitos por prejuicio no suelen reportarse, la verdadera cifra es sin duda más alta que lo que las estadísticas señalan).

A pesar de la poca frecuencia con la que se les procesa, los crímenes de odio de alta visibilidad ofrecen una narrativa poderosa, importante a la hora de combatir el prejuicio. Un crimen de odio es un prejuicio reducido a su esencia más vil. Incluso alguien que no está seguro de querer *contratar* a personas negras, homosexuales o transgénero, puede percibir la profunda injusticia que conlleva *lastimar* a una persona por ser negra, homosexual o transgénero. Al revelar la monstruosidad que se esconde en el corazón del prejuicio, los juicios por crímenes de odio de alta visibilidad han ayudado a fomentar la empatía por las personas marginadas. Quizá el juicio por crimen de odio más sonado en la historia del condado de Alameda fue el de los de cuatro hombres que, en 2002, asesinaron a una adolescente transgénero llamada Gwen Araujo después de descubrir sus genitales. Después de ese caso, la legislatura estatal de California aprobó la Ley Gwen Araujo de Justicia para las Víctimas, la cual permite que el jurado, antes de empezar a deliberar, reciba la instrucción de no dejarse influir por prejuicios contra la identidad de género de la víctima, de la parte acusada o los testigos.

No obstante, la mayor parte de quienes cometen crímenes de odio no encajan en el estereotipo del solitario de cabeza rapada con un tatuaje de esvástica o una camiseta de bandera confederada. Los investigadores estiman que menos del 5 por ciento son miembros de un grupo de odio organizado.

La mayoría son jóvenes varones, adolescentes o veinteañeros que actúan en grupo, a menudo inmediatamente después de salir de la escuela. En un estudio de los juicios por crímenes de odio en Boston, a principios de los años 90, dos tercios de los acusados se categorizaron como "buscadores de adrenalina"; es decir, eran grupos de jóvenes que "buscaban diversión" a expensas de alguien a quien consideraban de menor rango. Los autores del estudio descubrieron que muchos de estos delincuentes ni siquiera albergaban algún prejuicio en particular contra sus víctimas, sino que seguían el ejemplo de un compañero más prejuicioso.

De acuerdo con Phyllis B. Gerstenfeld, profesora de derecho penal en la Universidad del Estado de California en Stanislaus, muchos crímenes de odio "tienen menos que ver con la víctima que con el perpetrador y su propia inseguridad; que, por supuesto, es lo que ocurre con los adolescentes en general".

Quizá fue por eso que Nancy O'Malley recibió una sorpresiva carta en noviembre de 2013. Estaba firmada por dos grupos de los que acaso habría cabido esperar apoyo para la decisión de O'Malley de acusar a Richard como adulto: el National Center for Lesbian Rights y el Transgender Law Center.

"Cuando la impulsividad juvenil y la falta de juicio producen consecuencias lamentables, no tiene sentido elaborar una respuesta pensada para adultos", decía la carta, que también estaba a nombre de la American Civil Liberties Union of Northern California. "Más bien, estas son precisamente las circunstancias en las que es importante recordar que los niños son distintos de los adultos".

La carta concluía así: "Es nuestra firme convicción que usted puede demostrar el compromiso de su oficina con la protección de las víctimas de crímenes de odio sin imponer sanciones para adultos a los delincuentes juveniles".

BAJO EL INFLUJO DE LA ADOLESCENCIA

Cuando alguien dice que "los niños son distintos de los adultos", ¿a qué se refiere? ¿Es un adolescente de dieciséis años realmente un niño? A esa edad, sin duda, cualquier persona racional sabe que no debe ir por ahí prendiendo fuego a la ropa de la gente. Tal era, en todo caso, el argumento de muchas personas que comentaban en línea.

"Tiene 16 años, no 10. Si no sabe que tratar de matar a otra persona es malo, ya es demasiado tarde para él. Algunas personas no tienen arreglo. Si se comporta como un animal, hay que tratarlo como tal", escribió alguien.

"Si necesitas que te 'enseñen por qué' y tienes 16 años, entonces siempre serás una amenaza o una maldición para todos los que te rodean", escribió alguien más.

Es verdad que, en términos de puro intelecto, los adolescentes son tan inteligentes y conscientes de las consecuencias de un comportamiento riesgoso como los adultos, pero también es cierto que sus cerebros son distintos. Muchas personas han observado que los adolescentes tienden a ser más temerarios, impulsivos y vulnerables a la presión de grupo que los adultos. Resulta que al menos una parte de la explicación de tal comportamiento radica en la estructura del cerebro adolescente.

El sistema límbico es la parte del cerebro que detecta los elementos del entorno a los que debemos prestar atención y envía una señal emocional sobre qué hacer en respuesta: "¡Evita! ¡Investiga! ¡Come! ¡Pelea! ¡Coquetea!". A partir de la pubertad, el sistema límbico se vuelve más sensible a los estímulos. Es una de las razones por las que los adolescentes se vuelven más emocionales e interesados en tener experiencias nuevas y más intensas.

A lo largo de la adolescencia, el cerebro recubre las conexiones neuronales importantes con una capa grasa llamada mielina. La mielina suele compararse con el recubrimiento plástico de los cables eléctricos: aísla los circuitos neuronales, lo que los vuelve cien veces más veloces que los circuitos sin mielina.

La última parte del cerebro que se recubre con mielina es la corteza prefrontal: la parte encargada del razonamiento, la planificación y la deliberación. Por tanto, mientras las emociones del adolescente van a mil por hora, la razón y la lógica continúan obedeciendo el límite de velocidad.

El resultado es que, a pesar de que en circunstancias normales los adolescentes son capaces de tomar decisiones tan maduras, razonadas y racionales como las de los adultos, su juicio puede ser pésimo cuando sienten emociones intensas o estrés, condiciones que los psicólogos llaman *cognición caliente*. En tales situaciones, es más probable que tomen decisiones con el sistema límbico que con la corteza prefrontal. La presencia de compañeros o amistades es uno de los factores que aumenta la presión emocional y, con ello, la probabilidad de que busquen riesgos y recompensas inmediatas sin detenerse a considerar las consecuencias.

"Incluso el adolescente más brillante y con mejores intenciones no tiende a pensar más allá del momento presente, sobre todo cuando está con sus amigos", observa Gerstenfeld.

Conforme crecemos, suele mejorar nuestra capacidad de tomar decisiones bien consideradas, aun bajo presión. Algunos estudios han descubierto que, en todo el mundo, los comportamientos antisociales aumentan en un factor de diez durante la adolescencia y comienzan a disminuir cuando las personas pasan de los veinte años de edad (los criminólogos lo denominan la *curva edad-delito*).

Sin embargo, no siempre es así. Hay quien empieza a cometer delitos en su juventud y sigue cometiéndolos, pasando del robo al asalto a mano armada y de ahí al homicidio. El problema es que no hay forma de saber cuáles chicos se apaciguarán con la edad y cuáles están comenzando apenas su carrera delictiva.

—No se puede saber, con solo mirar a un chico de dieciséis años, si es irredimiblemente depravado —explica Barry Feld, profesor de derecho de la Universidad de Minnesota y uno de los principales expertos en justicia juvenil en el país.

Entonces, ¿cómo debemos considerar a los adolescentes que cometen delitos por prejuicio? ¿Son chicos con profundos defectos de carácter, propensos a ser intolerantes y antisociales el resto de sus vidas? ¿O simplemente manifiestan los peores aspectos de la adolescencia: una obsesión por la conformidad, la identidad de grupo y la aprobación de sus compañeros, combinada con un apetito por el riesgo y las emociones intensas?

¿O acaso se encuentran en una encrucijada, en un punto donde su futuro se decidirá por lo que suceda a continuación?

—Los partidarios de las leyes de crimen de odio son liberales y, sin embargo, son ellos los mayores críticos del encarcelamiento masivo —observa James B. Jacobs, director del Centro de Investigación en Crimen y Justicia de la Universidad de Nueva York y experto en leyes de crimen de odio—. Así que es una ironía sobre otra. El remedio aquí es el encarcelamiento y las cárceles son incubadoras de actitudes antisociales por excelencia.

Tras la primera cirugía, pronto llegó la segunda. El doctor Grossman necesitaba extirpar más tejido muerto; le parecía que las heridas aún no estaban lo bastante limpias como para realizar un injerto de piel. Después de eso, se estableció una rutina. Al final de la primera semana de hospitalización de Sasha, Debbie y Karl ya habían regresado a trabajar medio tiempo. Todos los días llegaban al hospital alrededor de las 2 p. m. y se quedaban toda la tarde.

Sasha no podía concentrarse en leer o ver películas, así que pasaba su tiempo dormitando, navegando ociosamente en Tumblr y calculando cuánto tiempo faltaba para su siguiente dosis de analgésicos.

"¿Qué te hace salir de la cama por las mañanas?", le preguntó una amistad en Tumblr como parte de una lista de preguntas para conocerse que circulaba entre los usuarios.

"Antes era que no quería perderme el bus y llegar tarde a la escuela", escribió Sasha. "Ahora, que mis enfermeras me lleven a la bañera".

El baño en la enorme tina de acero inoxidable era su parte favorita del día. El nombre oficial era hidroterapia y el propósito era mantener limpias las heridas para evitar la infección. Lo único que Sasha sabía era que el agua y las toallas estaban tibias. Era agradable flotar ahí, un buen cambio después de pasar el día en la cama esperando la siguiente dosis de Dilaudid.

Recibía la visita de sus amistades, que debían ponerse batas amarillas de papel, guantes azules de goma sintética y mascarillas. Se permitían dos visitantes por turno. Nemo y Michael fueron los primeros. Healy y Teah fueron unos días después. Sasha les pidió que no le llevaran comida porque todo el mundo había estado llevándole, pero todos modos le llevaron sushi vegano de Berkeley.

Era bueno tener visitas, pero Sasha quería irse a casa. Le costaba trabajo dormir en el hospital. La habitación siempre estaba demasiado calurosa o fría y, a menudo, había ruidos extraños. Por un tiempo, el compañero de cuarto de Sasha fue un hombre en coma inducido, conectado a un respirador que siseaba y golpeteaba rítmicamente. Su siguiente compañero tenía quemaduras en la mitad del cuerpo: se había quemado salvando a su perro de un incendio que tuvo lugar en su propia casa. Al principio era amistoso y parlanchín, más de lo que Sasha estaba de humor para soportar. Luego, sus quemaduras se infectaron y se volvió más callado. Por las noches gemía y murmuraba dormido.

SIN VISITA

Andrew no fue al hospital. Había planeado hacerlo, pero cuando llegaba el día, siempre había una razón para no ir.

—Pude haber ido, si tan solo hubiera dejado a un lado mis estúpidos sentimientos y hubiera estado ahí para ser una fuente de apoyo —dijo.

Los "estúpidos sentimientos" tenían que ver con su preocupación por no haber sido tan buen amigo para Sasha como Sasha lo había sido para él. Ese año, Andrew había tenido su primer novio. La relación lo consumía de una manera que no era del todo saludable y, siempre que estaban juntos, Sasha sentía que sobraba. Andrew y Sasha asistían a diferentes escuelas y tenían diferentes amigos, por lo que era totalmente normal distanciarse. Solo que, en el pasado, Sasha había sido la persona más importante del mundo para Andrew y este se sentía mal, incómodo, por el hecho de que ya no eran tan cercanos. Como si fuera su culpa. Luego se sentía mal, incómodo por sentirse mal e incómodo. Así que tal vez sería desagradable que se presentara en el hospital.

Entonces Andrew recordaba que Sasha lo había visitado hacía dos años, cuando estuvo hospitalizado por depresión, justo después de empezar el noveno grado. Sasha fue al hospital el día que Andrew cumplía quince años y le llevó una tarjeta de regalo de una tienda de materiales de arte. Fue muy bueno ver su cara ese día. Reflejaba gran entusiasmo. No con una alegría falsa, de "al mal tiempo, buena cara", sino con una actitud de "Dios mío, me alegro tanto de que estés bien".

Ahora que la situación se había invertido, lo menos que Andrew podía hacer era devolver el favor. "Solo *ve*, por Dios. Tenía que ir. *Iba* a ir. Visitaré a Sasha mañana. La próxima semana, a más tardar".

Pero nunca lo hizo.

—Ni siquiera tenía idea de cómo entrar a la habitación —diría más tarde.

Porque Sasha estaría ahí, en una cama de hospital, con su piel quemada. La idea de ver eso, de ver lo que podía pasarle a una persona de género no conforme, hacía que le sudaran las palmas de las manos.

—Sabía que no correría peligro por estar ahí, qué tontería —dijo—. Pero era como: "Así son las cosas para la gente como nosotres. Esta es la realidad".

8 de noviembre de 2013

Querida víctima:

Me disculpo por mis acciones, por el dolor que les causé a tu familia y a ti. Lo que hice estuvo mal. Yo actué mal. No tenía razón para hacerte eso y no sé qué pasaba por mi cabeza en ese momento. No soy un monstruo, tengo un gran corazón y nunca se me había ocurrido hacerle daño a alguien como te lo hice a ti. Solo quiero que sepas que lamento mucho mis acciones, pienso en lo que pasó a cada segundo, rezo para que te cures, para te recuperes y tengas una vida feliz. Por favor perdóname, eso es lo único que quiero. Me hago responsable de mis acciones, aceptaré todas las consecuencias. Les deseo la mejor de las suertes a ti y a tu familia. No lo digo porque esté en la cárcel, de verdad cada palabra es sincera.

Con cariño,

Richard

AL PORTAFOLIOS

A los pocos días del arresto de Richard, su familia logró reunir el dinero para contratar un abogado privado para su defensa. Eligieron a Bill Du Bois, un elegante veterano del Tribunal del Condado de Alameda con cuarenta años de experiencia que había representado a varios acusados de alto perfil, entre ellos uno de los hombres que asesinaron a la adolescente transgénero Gwen Araujo en 2002.

En su primera reunión, Richard le dio a Du Bois dos cartas que había escrito a mano para Sasha, la primera del 8 de noviembre y la segunda del 11 del mismo mes. Du Bois recibió ambas cartas y las guardó en su portafolios. Debido a que contenían una admisión de culpa, le pareció que no podía enviarlas hasta que el caso se resolviera.

Pasarían catorce meses antes de que Sasha las leyera.

FALDAS POR SASHA

El viernes, 8 de noviembre, todos en Maybeck usaron faldas. Los maestros, los estudiantes, el personal. Hasta Healy, que no tenía ninguna falda, se puso un delantal que había usado como vestuario en una obra de teatro. Ian se vistió lo más parecido a Sasha que pudo, con falda, medias hasta la rodilla, boina y chaleco. Nemo se puso una falda a cuadros sobre sus *jeans*. Michael llevaba una minifalda negra junto con su típica chamarra caqui y su gorro tejido gris. Un fotógrafo del *Mercury News* de San José tomó una foto de los estudiantes de Maybeck mientras sujetaban un letrero que decía FALDAS POR SASHA. La foto fue publicada en docenas de blogs LGBTQ y en contra del acoso.

Una semana después, a la luz de una luna en cuarto creciente, unos 150 simpatizantes, entre ellos estudiantes tanto de Maybeck como de la Preparatoria Oakland, marcharon por la ruta del autobús 57.

La marcha empezó en la esquina donde Richard y Lloyd se habían subido al autobús la semana anterior. Los camarógrafos de televisión se disputaban sus puestos y casi se derribaban unos a otros, ansiosos por tener la mejor toma. Los chicos de

Maybeck miraron la Preparatoria Oakland con curiosidad. La mayoría de ellos nunca la habían visto.

—Por un momento hubo mucho enojo en Maybeck contra la Prepa Oakland —recuerda Michael—. Pero supieron distanciarse muy bien del tipo que había quemado a Sasha.

Los tambores retumbaban en sincronía con el *tup-tup-tup* de los helicópteros de los noticieros, mientras los manifestantes ataban listones de arcoíris a los postes de las paradas de autobús entre la Prepa O y el lugar donde Sasha solía bajarse. Todos llevaban globos, bastones luminosos y letreros que decían ACEPTEMOS A TODES y TODES SOMOS SASHA.

¡QUE TE MEJORES!, decían los letreros. ¡TE QUEREMOS MUCHO, SASHA!

LA SEGUNDA CARTA

11 de noviembre de 2013

Querido Sr. ——:

Soy yo otra vez, Richard ——. Solo quiero decir que todavía lo lamento mucho y espero que estés mejorando. Anoche tuve una pesadilla, desperté sudando y pidiendo perdón. De verdad espero que vuelvas a ser como eras antes. Ayer fui a la corte y todavía están pintándome como un monstruo, pero no lo soy. Soy un buen chico si llegas a conocerme. Estoy seguro de que tú también debes ser una buena persona. Me arrepiento de lo que hice, no sabía que tu ropa se incendiaría así, aunque de todos modos no había razón para hacerlo. No sé qué pasaba por mi cabeza. Cometí un estúpido acto de violencia, voy a ser castigado por ello y acepto todas las consecuencias porque tú no merecías esto, ni siquiera te conocía y todavía no te conozco. Espero poder conocerte cara a cara y poder disculparme. Me están acusando de daño corporal grave y crimen de odio. Acepto el primer cargo pero lo del crimen de odio está mal. No tengo ningún problema con los homosexuales, tengo amigos que son homosexuales y nunca hemos tenido problemas así que no te veo mal por tu sexualidad. Honestamente no me importa si te gustan los hombres, no estabas tratando de hablarme en ese plan. Solo espero que me perdones por el dolor que les causé a ti y a tu familia.

No soy un matón, un gánster, un pandillero ni un monstruo. Soy un joven afroamericano que cometió un terrible error. No solo te lastimé, sino que también les hice daño a tu familia y amigos, y también a mi familia y amigos porque los he avergonzado a ellos y a nuestro país y voy a ser castigado, lo cual será duro para mí porque no estoy hecho para estar encarcelado.

En la Biblia (Jeremías 1:5) dice: "Antes de que te formase en el vientre te conocí y antes que nacieses te consagré, te di por profeta a las naciones".

Consagrar significa dedicar a alguien o algo a un propósito en particular. No estoy diciendo que yo sea un profeta. Lo que digo es que Dios nos conocía antes de que fuéramos cualquier cosa e hizo un plan para todos nosotros, y sabemos que no es un plan malo porque Dios no es malo así que no nos hizo para hacer cosas malas. De verdad no sé por qué hice lo que hice pero espero que no pienses que soy malo, de verdad soy bueno. También me han hecho mucho daño sin razón, no como yo te lo hice a ti, pero me han hecho daño físico y mental así que sé cómo se siente, el dolor y la confusión de por qué yo. Lo he sentido muchas veces así que sé cómo se siente. Así que mejórate y espero conocerte para poder disculparme, te escribiré al menos dos cartas por semana así que espéralas. Además rezaré por ti.

Que te mejores
Richard.

Richard no escribió más cartas, pero el 11 de noviembre, Karl escribió una y la envió a los padres y empleados de la Escuela Primaria Sequoia, donde daba clases en preescolar.

"Me parece muy importante tener presente que ninguno de nosotros puede conocer la mente, las motivaciones o las intenciones de la persona que le prendió fuego a la ropa de Sasha", escribió.

La policía de Oakland tiene bajo custodia a un estudiante de preparatoria de 16 años, a raíz de las grabaciones de las cámaras de video del bus. Hasta donde sé, solo la policía ha visto los videos. Yo ciertamente no los he visto, así que solo puedo imaginar lo que ocurrió. A estas alturas, decido suponer que este chico estaba jugando y que subestimó drásticamente las consecuencias. Otras personas pueden suponer cosas distintas, pero es importante recordar que solo son eso: suposiciones. Así que cuando hable de esto con mis estudiantes, haré hincapié en la importancia de la seguridad: "No jueguen con fósforos ni encendedores". Y, por supuesto: "Detente, tírate al suelo y rueda" si tu ropa se incendia.

Además, ofreció una explicación de la identidad de género de Sasha:

Ser agénero simplemente significa que la persona no se siente ni como un chico ni como una chica. Comprendo que este concepto pueda resultar difícil de asimilar, incluso para los adultos (¡mi esposa y yo a menudo nos equivocamos con los pronombres, para disgusto de Sasha!), así que no puedo esperar que todos los niños lo entiendan. Lo que sin duda pueden y deben entender es que a las personas les gustan distintas cosas. Diferentes personas se visten o se comportan de forma distinta. Eso es BUENO. Sasha se siente a gusto usando falda. Es parte de su estilo. A menudo también usa corbata y chaleco. Le gusta cómo se ve y, francamente, a mí también. Ver a Sasha siendo Sasha me hace sonreír.

Como escribí más arriba, ninguno de nosotros conoce la mente del chico que prendió fuego a la falda de Sasha. Pero tengo la corazonada de que, si hubiera visto la falda de Sasha como una manifestación del ser único y hermoso de otre joven; si hubiera sonreído y pensado "Amo a Oakland", yo no estaría escribiendo esto.

De nuevo, muchas gracias por todo su amor y su gentileza. Cuidémonos entre nosotres.

Karl

El 15 de noviembre, la familia extensa de Richard —entre ellos el primo de Jasmine, Regis, que es gay—, se presentó para su segunda comparecencia en la corte. Regis —alto, apuesto y andrógino— no habló con la prensa, pero su mera presencia fue una declaración: estoy aquí, soy gay y apoyo a mi prima.

Dentro de la sala, los reporteros discutían los mejores términos para describir a Sasha. ¿Género fluido? ¿*Genderqueer*? ¿Género no conforme? ¿Agénero?

—Yo solo digo que el chico usaba falda —opinó un reportero, encogiéndose de hombros con cansancio—. Los términos siempre están cambiando.

No pasó gran cosa en la comparecencia, excepto que Du Bois anunció sus planes de presentar una moción para impugnar la decisión de enjuiciar a Richard como adulto. Después, aceptó preguntas de los reporteros.

—He conocido al menor y puedo decirles que no es homofóbico, ni de lejos —dijo—. No sabe escribir la palabra "homofóbico", así que mucho menos lo es.

Todos tenían sus teorías sobre por qué Richard había usado ese término. Du Bois decía que cuando le pidió una definición a Richard, este dijo que significaba que no era gay, que le gustaban las chicas. En opinión de Jasmine, Richard había tratado de librarse del problema diciendo lo que creía que la policía quería oír. Pero, fuera cual fuese su razón para decirlo, ya era parte de la historia. Los presentadores de noticias lo mencionaban casi cada vez que informaban sobre un nuevo acontecimiento en el caso.

—Esto no es un misterio policíaco —dijo Du Bois—. Ni siquiera se trata de saber qué pasó. Se trata del estado mental en el que se encontraba el chico.

El abogado hablaba del caso con una mezcla de calma y exasperación, como si su incredulidad estuviera al límite. Argumentaba que las opiniones expresadas por Richard en el interrogatorio policíaco no eran siniestras, solo un chico desconcertado por ver a otro chico con falda.

—Lo ponen en la categoría de *skinhead* porque admitió ser homofóbico. Ser "muy homofóbico". Dicen: "Aceptamos esto como verdad" —comentó, con los ojos muy abiertos y la mandíbula caída para indicar lo absurdo que era eso—. Los linchamientos *sí* son crímenes de odio —continuó—. Pero el chico que piensa que [usar falda] es anómalo y decide hacer una broma al respecto, no está cometiendo un crimen de odio.

LO QUE ENVIARON

En el primer día completo de Sasha en el hospital, una desconocida le dejó un ramo de flores de seda: tres rosas blancas y cuatro tallos de farolillos chinos anaranjados. Ella misma había sufrido quemaduras en el pasado y sabía que, por el riesgo de infección, no se permitían flores de verdad en la unidad de quemados.

Eso fue el comienzo. A los pocos días empezaron a llegar paquetes al hospital, a la Preparatoria Maybeck y a la casa de Debbie y Karl. Un fondo médico *online*, que el primo de Sasha había abierto, recaudó más de 21,000 dólares en donaciones.

—¿Qué recibí hoy? —preguntaba Sasha todas las tardes, cuando Debbie y Karl llegaban al hospital con el correo del día.

La respuesta era a veces sorprendente. Los desconocidos enviaban dinero en billetes de baja denominación. Grullas de papel. Una manta suave. Calcomanías de *La Guerra de las galaxias*. Un dibujo de la TARDIS de *Doctor Who*. Una obra de teatro de cuatro páginas en español. Un libro de poemas de E. E. Cummings.

Una amistad de Sasha, de la comunidad de juegos de rol, le cosió una falda y un chaleco a juego.

Los socios del East Bay Heritage Quilters le confeccionaron una colcha de un vivo color morado.

Miembros de la comunidad de ideolingüistas enviaron cartas en sus idiomas inventados, escritas con hermosa caligrafía.

Personas de Canadá enviaron cosas adornadas con hojas de arce.

Las Alianzas Hetero-Gay de preparatorias de todo el país enviaron tarjetas decoradas con arcoíris.

La correspondencia fue apilándose: tarjetas hechas a mano o compradas en tiendas, hojas de cuaderno dobladas, correos electrónicos. Venían de Colombia, Alemania, Francia, Australia. "Que te mejores", decían. "Sé fuerte. Siente orgullo. Eres hermose tal como eres".

Sasha no podía concentrarse en nada por mucho tiempo, pero le gustaba saber que tanta gente se preocupaba por su bienestar. Las tarjetas de sus amistades se quedaron en su habitación del hospital, junto con el ramo de flores de seda. Todo lo demás, Debbie y Karl se lo llevaban a casa.

A lo largo de las siguientes semanas, Debbie buscaba periódicamente el nombre de Sasha en Google para ver cómo se cubría la historia en todo el mundo. Una vez, su búsqueda la condujo a un sitio web neonazi.

—Estaban pasando por un momento muy difícil —dijo—. ¿Un afroamericano? "¡Oh, el mal encarnado!". Pero luego resulta que la víctima es une joven trans con falda. "¿Qué?".

—No sabían contra quién estar —explicó Karl con una sonrisa—. Fue un tiempo muy difícil para la comunidad neonazi.

Nadie que lo conociera podía creerlo. Richard era un payaso, sí, pero ¿alguien lleno de odio? No tenía sentido.

—Me fui de espaldas —dijo Carlitta Collins, la oficial de seguridad de la escuela—. Se me cayó la peluca de la impresión.

Se decía que Richard le había prendido fuego a la falda por orden de otro chico, que lo engañaron, que le vieron cara de bobo.

—Simplemente no podía entender por qué cometería un error tan infantil —dijo Collins—. Luego lo pensé: "Oh, tiene dieciséis años".

Pero el resto de la escuela no lo veía así. Richard solo llevaba dos meses ahí y no conocía a casi nadie. Para la mayoría de los estudiantes, lo único que importaba era que la Prepa O estaba en las noticias otra vez y la causa no era ninguna de las cosas buenas que ahí ocurrían. Parecía que nadie les prestaba atención hasta que alguien metía la pata.

—Era negro e hizo lo que hizo. La mayoría de los que estudiamos aquí somos negros. Todos esperan que hagamos algo mal —explica Emarieay, que jugaba en los equipos de fútbol americano y béisbol—. La gente piensa que la Prepa O es la peor escuela de Oakland. Como pasó eso, la gente piensa que todos somos iguales.

Era importante decir: "No, nosotros no somos así".

"Lo que se alega que nuestro estudiante le hizo a Sasha es espantoso y no representa los valores de la comunidad de la Preparatoria Oakland", dijo el director Matin Abdel-Qawi en una carta que leyó en el altoparlante de la escuela. "Todos somos capaces de hacer lo correcto, incluso, y especialmente, cuando parece imposible. Todos tenemos la responsabilidad de detener los actos de violencia [...]. El cuerpo estudiantil de la Preparatoria Oakland es sumamente diverso. Nuestras familias provienen de todas partes del mundo. ¿No sería maravilloso si diéramos ejemplo y le mostráramos a Oakland lo que significa respetar y apreciar nuestras diferencias?".

Surgió un movimiento en el campus: Sin Odio. Estudiantes y personal pintaron pancartas que decían SASHA ESTAMOS CONTIGO. Una recaudación de fondos organizada por los estudiantes reunió más de 800 dólares para los gastos médicos de Sasha. Los estudiantes hicieron una larga cadena de grullas de papel y se la enviaron a Sasha. En diciembre, el equipo de basquetbol de la Prepa O, los Wildcats, jugó su primer partido en casa usando camisetas azules con el nombre de Sasha en la espalda y el lema *Sin Odio* al frente. El gimnasio estaba decorado con carteles pintados a mano con los colores de los Wildcats, azul y blanco, que decían EN NUESTRA ESCUELA NO y HAZLE FRENTE AL ODIO.

Algunos chicos del equipo de básquetbol que conocían a Richard habían llegado al entrenamiento después de su arresto comentando lo ocurrido. Richard no era mal chico, decían, solo era alguien que seguía a otros. No parecía correcto que lo encerraran de por vida, pero uno de los jugadores señaló que debían pensar también en la víctima. Lo que le pasó a Sasha fue horrible.

—Eso no debería pasarle a *nadie* —dijo—. ¿Qué tal si le hubiera pasado a alguien de *tu* familia?

Fue entonces que el equipo decidió ordenar camisetas con mensajes de apoyo a Sasha.

—Estamos en contra del odio y el acoso —dijo el entrenador de basquetbol, Orlando Watkins, cuando el equipo se reunió en los vestidores antes del partido, con sus camisetas de *Sin Odio* puestas—. El de hoy es un partido importante, no solo porque necesitamos ganar, sino porque representa algo más que el basquet. Así que salgamos hoy, juguemos con todo, mantengamos la concentración y hagámonos cargo de esto.

El equipo lo escuchó con seriedad y luego formó un círculo.

—¡Sin Odio a las tres! —exclamó Keith, el capitán del equipo—. Uno, dos, tres…

—¡Sin Odio!

A Kaprice le costaba trabajo ir al campus. En su tiempo en Oakland había visto a muchos chicos abandonar la escuela, ser expulsados, ser víctimas de tiroteos o embarazarse. Se suponía que Richard era diferente.

—Ni siquiera puedo expresar lo que siento porque yo sabía adónde quería llegar Richard —dice—. Sabía que él iba a ser el que se graduara.

Las pancartas de Sin Odio estaban por doquier, pero nadie hablaba de Richard. Abdel-Qawi, el director de la escuela, había concluido la carta que leyó en el altoparlante recordando que los estudiantes debían "mostrar compasión y tolerancia hacia nuestro compañero que está detenido". Sin embargo, los amigos de Richard sentían que esta última parte había quedado sepultada bajo los carteles de Sin Odio. Uno por uno, fueron a quejarse a la oficina de Kaprice.

—Dicen que fue un crimen de odio, pero Richard tiene familiares que no son heteros —dijo Lidell, un amigo de Richard—. Apoyábamos a Sin Odio, pero en el caso de Richard no fue odio. Lo que hizo estuvo mal, pero lo hizo como broma, como juego. Una broma que se convierte en algo que te arruina la vida.

A Lidell le parecía que el mundo exterior no entendía lo fácil que era para los chicos que crecieron en barrios pobres dar ese mal paso.

—Las personas tienen diferentes hábitats —explicó—. A algunos les va mejor que a otros. Crecieron en barrios buenos, su familia tiene empleo, tienen buenos ingresos. Ellos no entienden. Su vida es tan buena que creen que *todos* tienen una buena vida. No entienden las dificultades que otros viven. No sé dónde creciste, si es una zona de bajos recursos donde hay mucha violencia y crimen. Pero si creciste en una zona de bajos recursos donde lo único que ves es crimen y drogas, si tienes familiares que son delincuentes, eso es lo que conoces. Y te afecta. Si vives rodeado de eso, es difícil hacer el bien.

—Me dolió —dijo Cherie—. Alguien tan cercano. ¿Y que se vuelva viral y todo? —sacudió la cabeza—. La gente decía todo tipo de cosas. Como que quería quemarlo a propósito. Así de "oh, sí, es gay, es demasiado gay, vamos a quemarlo". No digo que lo que hizo esté bien, solo digo que al fin y al cabo, tenía dieciséis años. Ustedes están opinando sobre algo que no saben. Ustedes no saben.

Cada día que el movimiento Sin Odio continuaba organizándose en la Preparatoria Oakland, los amigos de Richard se molestaban más. Finalmente, Kaprice le preguntó al director Abdel-Qawi si podía organizar un círculo de justicia restaurativa para que los amigos de Richard pudieran compartir sus sentimientos. Invitó a Amy Wilder, una especialista en recursos de la Preparatoria Oakland que era, además, la asesora de la Alianza Hetero-Gay de la escuela. Wilder, que se había graduado de estudios de género en la universidad, había estado trabajando con los estudiantes para manifestar apoyo a Sasha.

Unos días después, cerca de una docena de estudiantes se reunieron en círculo en un salón vacío. La mayoría no se conocían: Richard era lo único que tenían en común. La facilitadora hizo circular un auto verde que fungía como "pieza de la palabra". Cuando el auto llegaba a ti, era tu turno para hablar. De lo contrario, escuchabas.

Las primeras veces que el auto recorrió el círculo, las preguntas fueron de juego: "Si fueras un superhéroe, ¿cuál sería tu superpoder?". Preguntas que les permitían conocerse mejor.

Después, hablaron de Richard. De lo gracioso que era, de su amabilidad, de que tenía un amigo y un familiar que eran gays. Alguien pasó una foto de Richard en su celular.

Cuando recibió el teléfono, Wilder se sobresaltó al reconocer a Richard. Lo que recordaba eran sus ojos. Sus ojos castaños.

Ese año, un padre de familia había asistido a una reunión con ella y llevó consigo a su hijo menor. El niño estaba enloquecido, fuera de control. No había manera de conversar mientras ese niño rebotaba contra las paredes. Entonces Richard salió de la oficina de Kaprice y se acercó al niño. De alguna manera, lo calmó y logró que se centrara para que la reunión pudiera proseguir.

Ahora, mirando la foto de Richard, los ojos de Wilder se llenaron de lágrimas.

—Porque era tan dulce —explicó—. Y es una persona tan joven, enfrentando consecuencias tan graves.

—Cuando compartió eso, fue un momento enorme —dijo más tarde Kaprice—. Fue increíble. Casi no pudimos soportarlo.

Solo querían que alguien más entendiera.

Cinco días después de la segunda cirugía, Sasha regresó al quirófano, donde el equipo del doctor Grossman utilizó un instrumento llamado dermatomo para extraer tiras de piel de tres pulgadas de ancho de la espalda de Sasha. Después de extraer cada tira, el doctor Grossman la pasaba por una máquina malladora de injertos que le hacía una red de agujeros diminutos para que pudiera estirarse y cubrir un área mayor. Luego la colocaba sobre las heridas de Sasha y la fijaba con grapas. Pelar, perforar, colocar, engrapar. Pelar, perforar, colocar, engrapar. Al final, las quemaduras quedaron cubiertas con piel nueva, pero la espalda de Sasha estaba en carne viva. El dolor fue intenso, mucho más intenso que el de las quemaduras. Era como si le hubieran desollado.

DIOS ES BUENO

Las Señoras parecieron materializarse de la nada. Había tres de ellas en la tercera audiencia judicial, el 26 de noviembre: señoras blancas de edad que vestían tan castas como las monjas, con suéteres de cuello de tortuga, sacos y calzado cómodo. Dijeron que estaban ahí porque estaban preocupadas por Richard.

—No es que no sea un delito horrible —explicó una de ellas—, pero también es un delito horrible enjuiciar a un niño como adulto.

En el tribunal, los acusados estaban en un pequeño estrado a la izquierda del juez. Solo eran visibles si uno se sentaba en el extremo derecho de la galería y apretaba la mejilla contra la pared. Para la tercera audiencia, los reporteros ya entendían esto y se apiñaban en la misma fila de asientos, apretujándose unos contra otros para ver un atisbo de la cara de Richard.

Jasmine tenía los labios pintados de rosa escarchado, vestía mallas negras y una camiseta que decía *Los Ángeles*. Su rostro lucía radiante, entusiasta, confiado. Sabía que todo iba a salir bien.

—Dios es bueno —repetía para sí misma en el elevador—. Dios es bueno. Dios es bueno.

—Te ves bien —le dijo su primo Regis mientras la familia se reunía en el pasillo, en espera de que Du Bois terminara de hablar con los reporteros—. Me gusta tu cabello.

El cabello de Regis también lucía espléndido: mechones rojos y dorados, con extensiones que él mismo había confeccionado. Vestía con estilo: una chaqueta dorada, *jean*s ajustados, una bufanda y botas con cordones. Él, Jasmine y Juliette, la hermana de Jasmine, eran un trío de buen ver. Mientras esperaban a que el abogado de Richard los pusiera al tanto, hablaron de lo que cocinarían para Acción de Gracias, pues solo faltaban dos días. Iban a preparar macarrones con queso, batatas y una salsa de espinaca que les encantaba.

La conversación giró en torno a un caso que estaba en las noticias: Donald Williams Jr., un estudiante afroamericano de primer año de la Universidad Estatal de San José, había padecido un acoso implacable por parte de los estudiantes blancos con los que vivía en una residencia de cuatro dormitorios. Los estudiantes blancos, también de primer año, lo llamaban "Tres Quintos" en referencia a la cláusula de la primera constitución estadounidense, que contaba a los esclavos como tres quintas partes de una persona al determinar la población para fines de representación en el Congreso. Le aprisionaron el cuello con un candado de bicicleta y dijeron que habían perdido la llave. Escribieron *nigger* en un pizarrón y envolvieron una figura de cartón de Elvis Presley con una bandera Confederada en la sala de la residencia. Lo encerraron en su cuarto. Luego dijeron que solo había sido una serie de bromas amistosas.

Al final, tres estudiantes de dieciocho años fueron expulsados por lo que le hicieron a Williams y uno de diecisiete años fue suspendido. A los tres expulsados también se les enjuició en un tribunal penal. La acusación: delito menor de agresión con agravante de crimen de odio, lo cual entrañaba una pena máxima de un año y medio en una cárcel del condado. Al final, el jurado condenó a los tres por agresión, pero absolvió a uno del cargo de crimen de odio y no se puso de acuerdo sobre los otros.

—Chica, les dieron *delito menor* —dijo Regis—. A ninguno lo acusaron de ningún delito grave. Esa es la diferencia entre tres chicos blancos y un chico negro.

El hospital dio de alta a Sasha al día siguiente, veintitrés días después de las quemaduras. Los reporteros se apiñaban en la calle frente a la casa de Sasha y se apretujaban contra la puerta. Los helicópteros de los noticieros sobrevolaban en círculos.

Sasha dio una entrevista al noticiero local, con una falda sobre sus piernas vendadas.

—Me emocionó mucho que una persona agénero saliera en las noticias —dijo más tarde—. Pero las circunstancias no me emocionaban tanto, obviamente. Esto era lo que sentía: "Esto es genial, pero ¿tengo que ser yo?".

Además, Sasha sospechaba que no todos entendían de qué trataba la historia.

—Me dio la impresión de que realmente no se trataba de que yo era agénero —comentó—. Gran parte de la cobertura periodística decía "un chico llevaba falda", en vez de "una persona agénero llevaba falda" y eso me molestaba, que me tergiversaran de esa forma.

DE REGRESO EN MAYBECK

Sasha regresó a la escuela en diciembre, el lunes después del descanso de Acción de Gracias. Tenía ganas de volver luego de sus largos y aburridos días en el hospital, así que se vistió un poco más elegante que de costumbre, combinando la boina y la falda con un chaleco, corbata de moño y una camisa blanca. Los reporteros estaban ahí, por supuesto, estirando el cuello para ver a Sasha, como *paparazzi* en busca de una foto de la familia real.

Las amistades de Sasha se empeñaron en no hacer de su regreso un espectáculo y pidieron a sus compañeros que hicieran lo mismo. Sabían que Sasha odiaba ser el centro de atención, así que después de recibirle con abrazos procuraron calmarse. Al menos, tanto como era posible calmarse con una fila de camiones estacionados frente a la escuela, con antenas apuntando al cielo.

—Había muchísimas cámaras y los reporteros decían: "¿Eres amiga de Sasha? ¿Podemos hablar contigo?" —recuerda Teah—. Era medio raro, porque yo no sabía cómo abordar mi amistad con Sasha. No creo que le gustara estar con sus amigos y que estos pensaran: "estoy hablando con una persona famosa" o "estoy hablando con alguien a quien le sucedió algo horrible". Solo quería que todo fuera normal. Eso me distanció de la amistad y es una lástima.

Después de clases, Sasha fue al Club de Baile de Salón. Teah, a quien le encantaba el baile de salón, había fundado el club y Sasha, Nemo y Michael se unieron después. Sasha y Nemo eran miembros útiles, pues podían bailar la parte masculina o la femenina, según fuera necesario. El día de su regreso, Sasha bailó un vals con Michael como pareja. Michael notó que Sasha estaba más callade que antes. Un poco más retraíde. Pero, en general, parecía estar bien.

Ahora había muchos más de esos. Los peores días. Las peores noches. Los días en que le escocían las piernas por el injerto de piel y por los vellos que se quedaban atorados en las vendas: una irritación que no paraba. O los días en que le dolían las piernas. Todo lo que antes era normal se había vuelto difícil: la ducha (ahora se sentaba para ducharse con una regadera de mano), vestirse (tenía que envolverse ambas piernas en tres capas de vendas), ir a la escuela (estaba cansade, muy cansade). También las noches después de regresar del hospital, cuando sentía ganas de orinar todo el tiempo, pero no podía: un efecto secundario del catéter urinario que tuvo conectado todas esas semanas en que estuvo hospitalizade. Las noches en que el sueño parecía un primo lejano al que había conocido mucho tiempo atrás, pero con el que no tenía suficiente confianza como para hablarle. Las noches en que tomaba Percocet para el dolor y le causaba hiperactividad en vez de sueño.

Intentaba no pensar en el fuego ni en la persona que lo había provocado, pero a veces era difícil no preguntarse por qué lo hizo, no sentir incredulidad por la situación: en un momento estás regresando de la escuela y, al siguiente, hay una ambulancia, un hospital, cirugía, dolor, analgésicos, vendajes y duchas en una silla. No podía evitar preguntarse cómo era posible que algo así hubiera pasado.

REUNIÓN

Dan Gale estaba sentado en una silla de mimbre en la sala de la casa de Sasha, junto a su primo Russell. Estaba nervioso, respiraba hondo y exhalaba entre dientes. Era un sábado de principios de diciembre y la familia de Sasha había invitado a Dan a un *brunch*. Russell lo acompañaba como apoyo.

Las últimas semanas habían sido un torbellino para Dan. Un mes atrás solo era un tipo ordinario, un obrero de la construcción que a veces trabajaba también en la tienda de camisetas de un amigo. Entonces, un buen día, tomó el autobús para volver a casa después del trabajo y le salvó la vida a alguien cuya falda estaba en llamas. De repente era un héroe, un buen samaritano. Había recibido un homenaje en el ayuntamiento y salido en las noticias. El jefe de policía, Sean Whent, dijo que las acciones de Dan en el autobús habían demostrado que, a pesar de la mala reputación de Oakland, "hay buenas personas por toda la ciudad". Hasta su familia lo miraba con renovado respeto.

Ahora Dan estaba a punto de ver a Sasha por primera vez desde aquel día en el bus, pero Sasha estaba tardando en salir de su cuarto.

—Tiene que ponerse medias sobre las cicatrices —explicó Debbie—. Hay partes que todavía necesitan vendas, pero está sanando muy bien.

—Qué bueno —dijo Dan, con gesto serio.

Tenía poco más de cincuenta años, tristes ojos cafés, un espeso bigote entrecano y una voz grave y áspera. Cruzó y descruzó las piernas, posando uno de sus tenis blancos en su rodilla. A su lado, Russell, que era dueño de la compañía de construcción en la que Dan trabajaba, parpadeaba somnoliento; una barba de tres días cubría sus mejillas. Los dos contemplaron la sala de estar, saturada y acogedora. Todas las superficies estaban cubiertas de plantas, revistas, flores secas y fotos enmarcadas. Las repisas rebosaban de libros de pasta dura y juegos de mesa; el reducido espacio del piso estaba atiborrado de instrumentos musicales (un piano, dos guitarras y un bongó). Una pancarta de papel llena de mensajes de aliento rodeaba casi toda la sala: era un recuerdo de la marcha por la ruta del autobús 57 del mes anterior.

Por fin Sasha salió, con una sudadera gris, una falda negra, y con las piernas envueltas en vendas blancas.

Dan inhaló.

—Oh, guau —murmuró. Se puso en pie y envolvió a Sasha en un abrazo—. ¿Cómo te va, hombre?

—Me va bien —Sasha parpadeó un par de veces, con una sonrisita tímida.

—Te ves muy bien.

—Sí. No me siento tan mal.

—Qué bueno. No cambies tu forma de ser, hombre, no cambies —Dan movió la cabeza de lado a lado—. Esto es raro. Incómodo —sus ojos se llenaron de lágrimas—. Lo siento, hombre. Lo siento mucho —dijo con voz quebrada.

—Gracias por todo lo que hizo —dijo Karl mientras entraba a la sala detrás de Sasha.

—Hombre, lamento no haber podido hacer más —dijo Dan, volviéndose hacia Sasha—. Fue difícil llegar a ti.

—Hizo todo lo que pudo —respondió Sasha—. Hizo lo mejor...

Pero Dan ya había pasado al futuro. Quería acompañar a Sasha en su regreso al autobús.

—Quiero estar ahí —insistió—. Digo, ahora eres mi amigo. Para siempre. Por ti, por toda esta situación, me siento mucho mejor conmigo mismo. Tengo una mejor relación con mis hijas y todo. *Lamento* lo que te pasó. Pero sí, hombre, sí que me ha beneficiado —se rio y, para su evidente alivio, todos se le unieron.

La conversación avanzó con irregularidad; había pausas incómodas, y luego se reavivaba. Sasha le contó a Dan que usaba las quemaduras a su favor.

—No puedo lavar los platos, tengo las piernas lastimadas. ¡No puedo ayudar con la cena, mis piernas! No puedo hacer mi tarea: ¡piernas!

Dan les contó que había visto a Sasha en el autobús durante años, siempre con un libro en la mano.

—El chico es más listo que todos en el bus juntos —anunció. Luego se volvió hacia Sasha otra vez—. Es por tus padres,

¿sabes? Recuerda esto: toda tu vida querrás quitarte a tus padres de encima, pero cuando te haces mayor te das cuenta de que eran los únicos que *estaban* a tu lado.

—*Usted* estuvo a mi lado —dijo Sasha.

Dan cerró los ojos un momento.

—¿Sabes? Me di la vuelta y vi el fuego —dijo—. Y mi primera reacción fue: "Oh, puedo con esto. Claro que puedo".

Explicó que, veinte años atrás, estaba con un amigo que conducía un auto en una carrera de demolición. El amigo estaba reparando el auto cuando confundió un recipiente de gasolina con uno de agua y trató de usarlo para apagar una chispa. Cuando Dan vio que su amigo ardía, lo tiró al suelo y apagó las llamas. ¿Quién iba a imaginar que necesitaría usar esa habilidad una segunda vez?

Mientras desayunaban —tofu revuelto para Sasha, huevos y hojaldres para los demás— la conversación giró hacia el chico que había prendido fuego a Sasha. Debbie y Karl habían dicho a los reporteros que querían ver a Richard enjuiciado como delincuente juvenil, no como adulto.

—Creo que ustedes son mucho más tolerantes de lo que yo sería —dijo Dan.

—Es solo que… no sabemos —explicó Karl. No querían ser ellos quienes decidieran el destino de Richard. Les parecía que no tenían suficiente información—. Prefiero que otras personas decidan eso.

Dan se volvió hacia Sasha.

—¿Qué piensas *tú*? Digo, ese chico te *lastimó*.

Sasha lo meditó.

—Sé que me lastimó. Hizo algo muy peligroso y estúpido. Por otro lado, es un chico de dieciséis años y los chicos de dieciséis años son medio estúpidos. Es muy difícil saber qué quiero para él.

PARTE 4

JUSTICIA

BINARIO

Hay dos tipos de personas en el mundo.
Hombre y mujer.
Gay y hetero.
Negro y blanco.
Normal y raro.
Cis y trans.
Hay dos tipos de personas en el mundo.
Santos y pecadores.
Víctimas y villanos.
Crueles y gentiles.
Culpables e inocentes.
Hay dos tipos de personas en el mundo.
Solo dos.
Solo dos.
Solamente dos.

Jasmine miró fijamente a Richard mientras lo escoltaban a la sala. Richard vestía la sudadera gris y pantalón caqui del Centro de Detención de Menores, y tenía el cabello casi a rape. Cuando posó sus ojos en ella, Jasmine formó un corazón con los dedos y se lo llevó al pecho.

Richard sonrió y luego su expresión se convirtió en una máscara de neutralidad. Si sonreía, la gente podía pensar que no tenía compasión por Sasha. Podían decir que era una sonrisa de burla.

Estaban a mediados de enero. Richard llevaba más de dos meses en el Centro de Detención de Menores. Hasta ahora, no había pasado gran cosa con su caso, pero hoy un juez escucharía la solicitud de Du Bois de volver a enviar el caso de Richard al tribunal de menores.

La Propuesta 21, la ley que permitía a los fiscales presentar cargos contra delincuentes juveniles en un tribunal adulto, había sido ratificada por la Corte Suprema de California en 2002. Sin embargo, tres decisiones posteriores de la Corte Suprema de Estados Unidos habían impuesto límites estrictos a las sentencias que los delincuentes juveniles podían recibir, eliminando las sentencias de muerte y muchas de cadena perpetua, sin posibilidad de libertad condicional. En cada caso, el Tribunal Supremo había citado la Octava Enmienda a la Constitución de Estados Unidos, que prohíbe el castigo "cruel e inusual".

Richard no había matado a nadie, por lo que no enfrentaba la pena de muerte ni la cadena perpetua sin posibilidad de libertad condicional. Si recibiera cadena perpetua, podría comparecer ante la comisión de libertad condicional en siete años, pero Du Bois argumentaba que las decisiones de la Corte Suprema sobre la pena de muerte y la cadena perpetua sin libertad condicional indicaban una "evolución de los estándares de dignidad" que hacía cada vez más inaceptable imponer sentencias severas a delincuentes menores de edad.

"La Propuesta 21 permitió que el fiscal de distrito, acusador por oficio, decidiera unilateralmente que el acusado de dieciséis años era un 'criminal' depravado e *irredimible* que debía ser privado *permanentemente* de los objetivos de rehabilitación y reunificación parental y el tratamiento correspondiente que originalmente se proporcionaba a todos [...] los delincuentes juveniles", escribió.

Nada de esto impresionó mucho al juez Richard Couzens, quien señaló que Richard todavía no había sido enjuiciado, por lo que era demasiado pronto para opinar sobre la constitucionalidad de cualquier sentencia que pudiera recibir. Además, añadió: "esta conducta es atroz y no creo que nadie pueda argumentar que, si fuera cometida por un adulto, el castigo sería cruel e inusual".

La petición fue denegada.

En el pasillo afuera de la sala, Jasmine lloró en los brazos de su hermana Juliette. Bajó al vestíbulo con la mirada fija en el piso del elevador.

—Es mi muchacho —dijo en voz baja—. Lo único que puedo hacer es apoyarlo.

DE REGRESO AL CENTRO DE DETENCIÓN

El personal del Centro de Detención de Menores recordaba a Richard por su estancia anterior, cuando tenía catorce años, antes de que lo enviaran al centro de acogida de menores. En aquella ocasión había sido un incordio: la clase de chico que siempre pedía cosas y, si no obtenía lo que quería, se lo pedía a alguien más. Les quitaba mucho tiempo, pero aun así les caía bien.

—Nunca fue un mal chico —explicó un empleado—. Solo es un chico dependiente.

Ahora se le notaba distinto. Su carácter travieso y jocoso había desaparecido. En estos días, Richard estaba serio y retraído. Los chicos que lo conocían de antes decían que se había vuelto aburrido. Ya no le interesaba hacer reír a los demás.

Había unos noventa o cien chicos en el Centro de Detención de Menores, la mayoría varones, aunque el centro tenía capacidad para ciento sesenta. Ahora, con la disminución de los índices de encarcelamiento juvenil, solo la mitad de las doce unidades de treinta camas estaban abiertas y cada una estaba apenas medio llena.

Richard ya conocía la rutina del centro de detención: antes de salir de tu cuarto por la mañana, dobla tu pijama y tus mantas, y déjalas apiladas sobre la cama, en lo que suele llamarse "estilo de aire libre". Sal, ponte los zapatos y párate afuera de tu celda con las manos detrás de la espalda a esperar instrucciones. El desayuno se sirve en el área común, en una de las mesas redondas con patrón de tablero de ajedrez en el centro. La escuela está a unas yardas de ahí, en dos aulas junto al área común.

Esas dos aulas eran la parte más colorida de la unidad. Las paredes estaban cubiertas de carteles, listas de palabras y series de números: un descanso visual de la apagada monotonía del resto de la unidad. Richard descubrió que le era más fácil concentrarse ahí que en la escuela, incluso con el caos de la unidad de alojamiento que a veces estallaba afuera de la puerta. Avanzaba a paso firme en su trabajo y conseguía calificaciones aceptables por primera vez en sus estudios de preparatoria.

Los domingos asistía a los servicios religiosos que también ofrecían en las aulas. Le gustaba estudiar la Biblia, particularmente la historia de Job. Dios pone a prueba la fe de Job matando a su esposa, sus hijos y sus sirvientes, y destruyendo su casa, sus animales y sus pertenencias. Hace que la piel de Job se llene de forúnculos. Con el tiempo, Job queda reducido a puro sufrimiento. "¿Cómo puede esto ser justo?", pregunta Job. "¿Qué clase de Dios le hace esto a la gente?".

Al final de la historia, Dios se presenta ante Job en un remolino para responder sus preguntas con otras preguntas:

"¿Desacreditarías mi justicia? ¿Me condenarías a *mí* para justificarte a ti mismo?", pregunta. Le pregunta también si Job estaba ahí cuando se hizo la Tierra, si sabe dónde moran la luz y las tinieblas, si puede atar un unicornio y hacerlo arar los campos. "¿Tienes un brazo como el de Dios y puede tu voz retumbar como la suya?".

"Está bien", dice Job. "Entiendo tu argumento. El saber y el poder de Dios son tan vastos que no tiene caso cuestionar sus decisiones".

Para Richard, esa historia era un consuelo.

Al principio de su estancia, Richard compartía una unidad de alojamiento para quince personas con el chico que lo había atracado a punta de pistola, al que alguna vez había considerado su amigo. El chico se disculpó por atracarlo. Richard le dijo a Jasmine que aceptó la disculpa porque sabía lo que era haber agraviado a alguien. Él también esperaba ser perdonado.

—Perdona, pero no olvides —solía decir Jasmine.

Pero Richard le pidió que dejara de decir eso.

—Para perdonar, *tienes* que olvidar —le aconsejó él—. De lo contrario, no has perdonado de verdad.

Jasmine trataba de centrarse en lo positivo. Richard iba a aprender de esta experiencia, de eso estaba segura. "*Todos* vamos a aprender algo de esto", aseguraba con frecuencia. Pero una vez, después de decirlo, movió la cabeza de lado a lado.

—Ojalá esto no hubiera llegado tan lejos y Richard hubiera aprendido de otra forma —dijo—. Ojalá los tribunales le dieran un castigo apropiado para que pueda aprender, en vez de simplemente recluirlo.

A veces, su mente no podía dejar de repasar una lista siempre cambiante de interrogantes: ¿Y si hubiera podido pagar un abogado que defendiera a Richard cuando tenía catorce años, en vez de dejar que lo representara un abogado de oficio? ¿Y si le hubiera hecho pruebas de TDAH en su primer año de preparatoria, como había pensado? ¿Y si hubiera logrado encontrar un lugar para vivir fuera de Oakland, donde no hubiera tantas malas influencias? ¿Y si Richard hubiera tenido más actividades en su vida, más cosas que lo mantuvieran fuera de problemas? ¿Y si lo hubiera llevado a inscribirse en un programa laboral después de clases, como él le había pedido?

¿Y si Richard la hubiera llamado cuando lo arrestaron, en vez de hablar con la policía? ¿Y si ella hubiera ido a la estación de policía en cuanto lo vio en las noticias? Debió haber ido, en vez de llamar. No debió haberles creído cuando le dijeron que no sabían nada. Debió…

Pero entonces paraba de pensar. Tenía que haber una razón para que todo estuviera resultando de esta manera.

—Dios obra en formas misteriosas —dijo—. No hace nada por accidente. Siempre sabe exactamente lo que está haciendo.

La Navidad llegó y pasó. Las clases empezaron de nuevo. Sasha había recibido la aceptación del MIT, el Massachussetts Institute of Technology. Para febrero, la vida había vuelto a la normalidad: una nueva normalidad, en la que Sasha tenía las piernas enfundadas en medias blancas de compresión veintitrés horas al día para evitar la formación de cicatrices gruesas en los injertos de piel. Las medias de compresión eran más cómodas que los vendajes y los músculos atrofiados de sus piernas habían recobrado su fuerza.

Jasmine quería conocer a la familia de Sasha. Lo había pensado desde el arresto de Richard. Quería decirles lo mucho que lo lamentaba, de madre a madre, de madre a padre.

—Imagino cómo me sentiría si fuera mi muchacho —dijo—. Sasha no hizo nada para merecer eso.

Pero cuando Debbie oyó la idea, se estremeció. Dijo que pensaba en Jasmine con frecuencia, que creía en el perdón, pero era demasiado pronto. Necesitaba más tiempo.

La primera audiencia probatoria de Richard fue en marzo. Sasha se tomó el día libre en la escuela y fue a la corte con Karl y Debbie, vistiendo una falda azul marino, un chaleco gris, una corbata de moño a rayas cafés, una boina gris, una gabardina, mallas moradas y tenis altos también morados. Llevaba consigo un libro sobre la historia del socialismo en Estados Unidos.

Jasmine se quedó mirando a Sasha, a quien veía en persona por primera vez. Las emociones se arremolinaban en su interior: pesar y compasión. Confusión y vergüenza. Vacío.

La audiencia terminó en diez minutos. Richard fue "llamado a responder", lo que significaba que había suficiente evidencia contra él para que un juez fijara una fecha para el juicio. Mientras la familia de Sasha salía en fila de la sala, Jasmine fue corriendo para hablar con ellos.

—Mi hijo no es así —dijo. Las palabras salían atropelladamente de su boca—. No sé qué lo llevó a hacer eso y lo siento. No somos gente que odia.

Luego abrazó a cada miembro de la familia: Debbie, Karl, Sasha. Uno a uno, cada uno de los familiares de Richard se acercaron a hacer lo mismo.

Cuando terminaron, ambas madres estaban llorando. Jasmine siguió hablando de Sasha:

—Se veía tan inocente —dijo—. Es tan lindo. Tiene una familia tan linda. Todo esto no es algo a lo que pueda acostumbrarme.

Quería decir muchas otras cosas, pero no encontraba las palabras.

—No sé qué más decir, excepto que lo siento.

En el elevador, Debbie se secó las lágrimas.

—Sentí que fue genuino de su parte —dijo—. Fue bueno. De verdad me alegro. Solo por eso valió la pena venir aquí hoy.

Cuando le preguntaron qué sintió al recibir los abrazos de la familia de la persona que le había prendido fuego, Sasha solo sonrió.

—Siempre me agradan los abrazos —respondió.

Más tarde, Karl, Debbie y Sasha subieron al noveno piso para reunirse con Armando Pastran, el fiscal de distrito adjunto que llevaba el caso.

Pastran había visto a las dos familias abrazarse, pero no pareció conmoverse.

—Me da gusto que *ellos* hayan mostrado remordimiento —dijo, refiriéndose a la familia de Richard—. Me gustaría ver una actitud semejante en la persona que lo hizo.

Pastran nunca había hablado con Richard, por supuesto. Así no funciona el sistema. Las cartas de Richard seguían guardadas en el portafolios de su abogado.

Un año después de que Sasha publicara su petición sobre el género no binario, otra petición apareció en el sitio web de We the People. La redacción era prácticamente idéntica a lo que Sasha había escrito.

Esta vez, la petición se hizo viral y llamó la atención de Reddit, *Bustle*, el *Advocate* y el *Huffington Post*. Reunió 103,202 firmas y recibió una respuesta oficial de la Casa Blanca, que decía, en parte: "Sabemos lo importante que es este tema y entendemos el profundo impacto, tanto simbólico como tangible, de tener documentos oficiales que reflejen correctamente la identidad de un individuo [...] No podemos recalcar lo suficiente el cuidado y la seriedad con que debe tratarse el asunto".

Esto no quería decir que la Casa Blanca estuviera planeando cambiar las políticas federales. La declaración oficial decía que las propuestas de cambiar la forma en que se consignaba el género en documentos gubernamentales debían "ser consideradas caso por caso por las agencias federales y estatales pertinentes". Aun así, Sasha sintió orgullo. El gobierno había reconocido la existencia del género no binario. ¿Quién habría pensado que sería posible?

La novia de Michael, Teah, estaba de pie detrás de Sasha, tirando de los cordones de un corsé escarlata.

—Si sigo tirando, me pregunto si Sasha desaparecerá en el espacio negativo —dijo.

Era abril. Teah, Michael, Sasha y Nemo estaban preparándose para el Baile Gaskell, una reunión victoriana que se celebraba en el centro de Oakland, en el Scottish Rite Center, un ornamentado edificio de la década de 1920 a orillas del lago Merritt. La madre de Teah, Alisa Foster, es diseñadora de vestuario. Como regalo para Sasha, le había confeccionado un vestido de gala con tela donada por las Hermanas de la Perpetua Indulgencia, un grupo de beneficencia y arte callejero de San Francisco que se hace llamar "una orden vanguardista de monjas *queer*". El vestido tenía veintitrés pulgadas de cintura. Teah, cuyo vestido era verde oliva y estaba ribeteado con volantes dorados, midió la cintura de Sasha: poco menos de veinticinco pulgadas. Tiró de los cordones del corsé con más fuerza.

—Sasha, ¿cómo es que sigues con vida? —preguntó Michael, que vestía pantalón y chaleco grises con una corbata de moño color burdeos.

—Magia —respondió Sasha con una sonrisa. Se tocó las clavículas—. Mis pulmones están aquí arriba. El cuerpo humano es una cosa asombrosa.

—Me siento un poco culpable, estoy asfixiándote —dijo Teah mientras apretaba más el corsé.

—Es consensuado —dijo Sasha—. Y de todos modos no creo que sea asfixia. Asfixia es cuando le pones una almohada sobre la boca y la nariz a alguien.

Justo en ese momento entró Nemo, vistiendo un chaleco eduardiano, pantalón negro plisado, camisa blanca almidonada y un pañuelo con estampado azul y gris al cuello. Tenía el cabello lacio y castaño recogido en una coleta en la nuca.

—Las curvas te sientan bien —bromeó Nemo con cara inexpresiva mientras contemplaba la figura de reloj de arena de Sasha.

Nemo se sentó en el sofá junto a Teah y Michael. Observó cómo la madre de Teah ayudaba a Sasha a ponerse el vestido de gala azul con cuello redondo y mangas de pata de cordero. Un tocado azul a juego descansaba sobre la cabeza de Sasha y una roseta plateada sobre cada oreja.

—¡Me siento bonite! —anunció Sasha, dando un giro ante el espejo.

—¡Qué hermose eres! —dijo Nemo, llevando a Sasha por la habitación en un breve vals—. ¡Dios mío!

El corsé de Sasha le quedaba demasiado apretado como para que pudiera ponerse zapatos, así que Nemo se sentó en el suelo para ponérselos.

Mitzi, la perrita negra de Teah, olisqueó el dobladillo del vestido.

—Mitzi, solo me lavo en seco —dijo Sasha con irritación.

—¿Te lavas en seco? —preguntó Nemo—. ¿O lavas tu vestido?

—Bueno, definitivamente *soy* mi vestido —observó Sasha—. Por fuera.

—¿Ah, sí? —dijo Nemo, interesado por esa afirmación—. Pero también eres tu piel y tu collar.

Sasha se encogió de hombros.

—Las partes de mí que son accesibles a la perra solo se lavan en seco.

BAILE

Entraron de la mano, antebrazo con antebrazo. El piso de madera del salón de baile brillaba bajo sus pies. Los asistentes se paseaban en parejas, las mujeres en vestidos de gala con polisón y los hombres de frac, con el bigote encerado. Los atuendos eran una mezcolanza de épocas y estilos: guantes largos y cortos, plumas y joyas, vestidos de *flapper*, minifaldas, trajes, *jeans* y al menos un hombre en falda escocesa, con una bolsa de piel de mapache colgada de la cintura.

"Ya está", pensó Sasha. "Estoy aquí con mi vestido de gala, con mi pareja, y es algo maravilloso".

Era maravilloso porque el vestido era bonito, Sasha estaba bonite, el salón era bonito y Nemo era bonite. Era maravilloso porque a Sasha le encantaban los bailes de salón. Era maravilloso porque, al menos por esa noche, nadie iba a confundir a Sasha con un chico. Durante toda la velada, los hombres le pidieron bailes.

—Lo que quiero es que la gente se confunda sobre mi género —explicó Sasha más tarde.

Eso no pasaba a menudo, pues la gente tendía a ver a Sasha como varón. Así que era agradable que le vieran como mujer, para variar.

En el escenario, una banda de viento-metal empezó un vals. Sasha y Nemo bailaron.

Darris Young trabajaba como organizador para un grupo de justicia social de Oakland llamado Ella Baker Center for Human Rights. Lo habían contratado mientras aún estaba en libertad condicional después de su tiempo en prisión y su misión de mantener a la juventud fuera de la cárcel le apasionaba.

—Cumplí diecisiete años, dos días, cuatro horas y veinte minutos de una condena de veinte años por tercer delito —explicó en una entrevista publicada en el sitio web del Centro Ella Baker—. Vi muchas cosas que estaban mal en el sistema. Sobre todo, a medida que pasaban los años, las personas que ingresaban eran cada vez más jóvenes, y pensé: "Algo está mal aquí. ¿Por qué estamos enviando chicos a prisión por cosas que tal vez podrían haberse corregido?". Entonces noté un patrón: la mayoría de ellos habían empezado en el sistema penal juvenil y eso me indicaba que, en algún punto de la cadena, el sistema estaba fallando.

Darris había seguido el caso de Richard en las noticias. Cuando vio a la familia de Sasha en televisión, diciendo que querían que Richard fuera acusado como menor de edad, le pareció que existía la posibilidad de llegar a una solución diferente, algo que no implicara enviarlo a prisión.

—Este era un caso en el que mucha gente pensaba: "Okey, sí, lo que pasó es algo horrible, pero aquí hay un joven que parece salvable". No tenía un largo historial delictivo ni nada de eso —dijo Darris—. Además, la familia de la víctima se inclinaba hacia el perdón. Parecía que solo querían dejar el asunto atrás sin causar más daño a la comunidad en general, porque, ya sabes, siempre que alguien va a la cárcel, toda la comunidad se ve perjudicada. Hay una reacción en cadena.

Darris y otra organizadora, Maria Dominguez, contactaron a Jasmine para ver si le interesaría algo llamado justicia restaurativa. Al principio, Jasmine no mostró interés: nunca había oído hablar de la justicia restaurativa y, a esas alturas, se sentía abrumada. Más tarde, sin embargo, accedió a reunirse con ellos para saber más. No podían prometerle nada —todas las partes tendrían que estar de acuerdo, incluyendo la familia de Sasha, el fiscal de distrito y el abogado defensor de Richard, Bill Du Bois—, pero sabían que una activista por la justicia restaurativa, de nombre Anna Blackshaw, ya había estado en contacto con la familia de Sasha. Por tanto, creían que era posible unir a ambas partes para evitar que Richard fuera a prisión.

—Una vez que un chico de dieciocho años entra a una prisión estatal, se encuentra con individuos de mayor edad que tienen mucha influencia —explicó Darris—. En la mayor parte de los casos, las personas no salen de la cárcel siendo mejores.

NALGADAS

Un día de otoño de 2015, dos estudiantes de noveno grado de la Preparatoria Oakland estaban en clase de biología, viendo cómo el maestro sustituto intentaba en vano controlar al grupo. No podían ser más distintos entre sí. TC era esbelta, de voz suave y de ascendencia vietnamita. Vestía ropa deportiva, como la mayoría de las estudiantes de la Prepa Oakland, pero se peinaba la larga cabellera negra en dos trenzas muy femeninas. Jeff, por su parte, era un inquieto chico afroamericano con un mechón rubio en su corto cabello; la clase de chico que habla sin parar, soltando un torrente de observaciones cómicas medio hilarantes y medio fastidiosas. La clase de chico que, cuando la chica del pupitre de al lado no quiere mostrarle su carpeta, le da una fuerte palmada en el trasero.

La nalgada tomó a TC por sorpresa. Le dolió y fue humillante. Nadie le había tocado el trasero antes. Furiosa, levantó una silla y estaba lista para lanzársela a Jeff.

El salón estalló en comentarios e instrucciones.

—¡Baja la silla! —la instó un compañero.

—¡Si no sabes nada de esto, cierra la puta boca! —gritó TC con los ojos llenos de lágrimas, pero bajó la silla.

El episodio la acompañó todo el día. Esa tarde, les contó lo sucedido a algunas amistades y se puso a llorar.

—Tienes que denunciarlo —le dijeron y eso hizo.

Cuando la administración de la Preparatoria Oakland comenzó a investigar, descubrió que en los últimos días Jeff les había palmeado o agarrado el trasero a otras dos chicas de noveno.

El acoso sexual es motivo de suspensión o expulsión. Sin embargo, impedir que los estudiantes asistan a clases suele ser contraproducente y se ha demostrado que las suspensiones afectan de forma desproporcionada a los jóvenes varones afroamericanos. Por esa razón, muchas escuelas de Oakland han explorado un enfoque distinto para la disciplina escolar: la justicia restaurativa.

Cuando le dieron a elegir entre la disciplina tradicional —que probablemente implicaría ir a la escuela los sábados— y participar en un círculo de justicia restaurativa con las tres chicas a las que había tocado, Jeff eligió lo segundo. Aun así, empezó el proceso molesto. Solo había sido un juego. ¿Por qué se escandalizaban tanto?

—Era como: "¿Voy a entrar ahí con un montón de niñas y hablar de algo que pasó hace una semana?" —dijo Jeff más tarde.

Dos de las chicas, J. y Pancha, sentían algo parecido. Se habían enojado en el momento, pero daba igual. Ya era historia.

—No estaba traumatizada por eso —dijo Pancha.

En las escuelas, todo es cuestión de reglas. Hay reglas contra el acoso sexual, que señalan qué comportamientos están prohibidos y cuál debe ser el castigo. Por otro lado, la justicia restaurativa se interesa más por las relaciones. Un delito, argumentan los partidarios de la justicia restaurativa, no es un acto contra una regla: es un acto contra una persona. Cuando le haces daño a alguien, debes enmendar las cosas. Al enmendarlas, comienzas a sanar tu relación con la comunidad.

—Nuestro sistema se centra en la culpa y el castigo, no en sanar y aprender —explica Lauren Abramson, fundadora del Community Conferencing Center en Baltimore, Maryland, uno de los programas de justicia restaurativa más antiguos y respetados del país—. Hay una forma distinta de hacer justicia, que en muchos casos ha demostrado ser más efectiva en términos sociales y de costo.

El círculo de la Prepa Oakland empezó en un tono jocoso. A excepción de TC y los dos facilitadores adultos, nadie podía dejar de bromear, pero cuando las chicas empezaron a hablar de cómo se sintieron al ser tocadas, la cosa se puso seria de repente. A nadie le molestaba una broma, dijeron, pero en este caso Jeff se había pasado de la raya. Al final, los cuatro estudiantes acordaron pedir permiso antes de tocarse, incluso si era en juego. Entonces el asunto terminó.

En realidad, pasó algo más. Ahora los cuatro eran amigos.

—Nos unimos por esta experiencia —explicó J. unos meses después, mientras los cuatro compartían una bolsa de nueces—. Nos ayudó a *sacar* lo que sentíamos y confiar los unos en los otros. Fue una buena forma de sacarnos el tema de la cabeza.

Por supuesto, pedir permiso se convirtió en un chiste recurrente.

—¿Puedo tocarte las nueces? —preguntó Pancha mientras llevaba la mano a la bolsa.

Los demás resoplaron de risa.

Sin el círculo, dijeron, todo aquello se habría olvidado, pero habría quedado el residuo.

—Creo que la cosa seguiría medio rara si no hubiéramos hecho el círculo de justicia restaurativa —dijo TC—. Al menos para mí.

—Sí —dijo J.—, porque cada vez que vieras a esa persona, sería como…

—¡Ahí está el que me nalgueó! —concluyó Jeff.

Él y Pancha representaron una escena en la que se encontraban en la tienda de abarrotes en un futuro lejano.

—Hey, soy Jeff, de la prepa.

—¡Tú eres el que me nalgueó!

—¡Yo soy el que te nalgueó!

Soltaron una carcajada. Jeff se llevó un puñado de nueces a la boca.

—¿Puedes, *por favor*, comer con la boca cerrada? —dijo Pancha con una mueca.

Jeff negó con la cabeza, con gesto solemne.

—Vamos a necesitar otro círculo de justicia restaurativa —entonces sonrió—. Antes nunca hablábamos así. Siento que ahora puedo decirles más cosas. Puedo confiar en ellas tres.

Era lo bueno de la justicia restaurativa. Te permitía tener dos cosas en la cabeza al mismo tiempo: que las nalgadas eran graciosas y también que no lo eran. Que pedir permiso para tocar a alguien era gracioso, pero que no querías que alguien te tocara sin permiso. Que las chicas querían que Jeff dejara de darles nalgadas, pero les gustaba bromear con él. Que todo aquello no era para tanto y que, en cierto modo, sí lo era.

Eso era la comunidad: todas esas capas de entendimiento.

Sujatha Baliga recibía llamadas de activistas comunitarios desde el momento del arresto de Richard. Como una de las principales expertas en justicia restaurativa en el país, la gente acudía a ella en momentos como ese: situaciones en las que parecía imposible sanar. Así que Sujatha llamó a algunos de sus conocidos de la fiscalía de distrito del condado de Alameda para decirles que estaba disponible como facilitadora, en caso de que las familias estuviesen interesadas en iniciar un proceso de justicia restaurativa.

—Nunca llamo de la nada a las víctimas de delitos —dice—. No estoy aquí para vender la justicia restaurativa.

La justicia restaurativa se utiliza a veces en el condado de Alameda como alternativa al tribunal penal para menores acusados de delitos graves, un proceso conocido como desviación, pues se desvía al acusado de la corte penal. Cuando eso ocurre, una organización sin fines de lucro local facilita un proceso llamado conferencia grupal familiar. Incluye al agresor, su familia y otros adultos importantes, como maestros o pastores, así como la víctima con sus allegados y defensores. La estructura es similar a la del proceso en el que participaron

Jeff, TC, Pancha y J. en la Preparatoria Oakland: los miembros del círculo hablan sobre lo ocurrido y luego trazan un plan para reparar el daño. Cuando se trata de un caso penal, el plan incluye objetivos mensurables. Si el chico llega al final del plan y cumple con los objetivos, no se presenta ningún cargo penal.

Un estudio reciente del Community Conferencing Center, uno de los programas de justicia restaurativa más antiguos del país, en Baltimore, Maryland, encontró que aquellos que participaron en este proceso tenían 60 por ciento menos probabilidades de reincidir que aquellos que pasaron por el proceso legal tradicional.

—La justicia restaurativa no es una garantía de indulgencia —advirtió Baliga—. Se trata de dejar a un lado el enfoque disciplinario para intentar producir un resultado mucho más reparador para las personas involucradas.

Aun así, Baliga sabía que había pocas esperanzas de desviar por completo a Richard del sistema de justicia penal.

—Dada la gravedad del daño sufrido por Sasha, no esperábamos que la fiscalía permitiera que el caso se desviara a la justicia restaurativa —dijo.

No obstante, si alguien parecía idóneo para la justicia restaurativa, eran estas dos familias que ya habían expresado compasión mutua.

—Eran candidatos perfectos para este diálogo —dijo Baliga—. Todos ellos eran personas hermosas, maravillosamente abiertas.

Debbie y Karl no sentían mucha necesidad de justicia restaurativa. Aunque el encuentro espontáneo con Jasmine les había parecido sanador, Debbie no deseaba otra reunión.

—No sé qué obtendría de conocer a Richard. No tengo muchas ganas de hacer eso.

Además, dudaba en hacer cualquier recomendación sobre lo que debía pasar con Richard, excepto que se le debía tratar como menor de edad.

—Nunca he sentido que poseo suficiente información para saber cómo juzgar a este chico o qué pensar de él —dijo—. No quiero pedir clemencia para que luego salga y haga daño a alguien más. Pero tampoco quiero que lo envíen a una prisión para adultos.

Más que nada, Debbie deseaba que el caso se cerrara antes de que Sasha entrara a la universidad. No quería que Sasha tuviera que volar desde Massachusetts a mitad de semestre para testificar en un juicio.

—No quiero ir a juicio —dijo—. De verdad no quiero.

Al abogado de Richard, Bill Du Bois, la justicia restaurativa le parecía una distracción. Decía que no había forma de que la fiscalía de distrito la aceptara.

—La justicia restaurativa jamás ha sido una posibilidad en este caso —dijo—. Me encanta su programa, pero ya he tratado el tema. Es la opción más remota; una sugerencia absurda.

Por su parte, la fiscalía de distrito dijo no tener objeción a que las familias pasaran por el proceso de justicia restaurativa si así lo deseaban, pero que eso no afectaría la condena de Richard.

—No era un caso en el que el acusado no fuese a ir preso —dijo Nancy O'Malley, la fiscal de distrito del condado de Alameda—. No podíamos ignorar lo que hizo.

La verdad era que el sistema penal tenía su propia lógica irrefutable, inamovible.

Culpable contra inocente.

Fiscal contra abogado defensor.

Víctima contra delincuente.

CANSADA

La primavera dio paso al verano.

Una comparecencia siguió a otra. Cada vez que se atendía el caso de Richard, lo único que pasaba era que el juez ponía otra fecha de comparecencia. Ambas partes tenían la esperanza de una sentencia de conformidad, pero con el paso del tiempo el optimismo de Jasmine se apagaba. Entró a la corte con gesto lúgubre y se sentó en el pasillo con Maria Dominguez y Darris Young, del Centro Ella Baker, a esperar a que anunciaran el caso de Richard. Eran las personas en las que confiaba para que le explicaran lo que ocurría.

Estaba cansada de hablar del caso. Cansada de pensar en el caso.

—Trabajo doce, a veces catorce horas al día y cuando llego a casa solo quiero dormir —comentó.

Encorvada en una banca en el pasillo, parecía una vela moribunda con la llama azotada por el viento.

La prensa ya no asistía a las comparecencias, pero las Señoras sí. Nunca se perdían una.

DEPARTAMENTO 11

FAVOR DE APAGAR TELÉFONOS CELULARES Y BUSCAPERSONAS ANTES DE ENTRAR A LA SALA.
NO SE PERMITEN ALIMENTOS, BEBIDAS NI GOMA DE MASCAR EN LA SALA.
NO SE PERMITE COMER, HABLAR NI LEER DURANTE LA SESIÓN.
NO SE PERMITE HABLAR NI DEAMBULAR EN EL VESTÍBULO.
NO SE PERMITE LA COMUNICACIÓN CON RECLUSOS.

El Departamento 11 es una estación de paso, un tribunal por el que se transita de camino a algún otro lugar. Allí se agendan los casos en el calendario para las primeras audiencias, donde se aceptan sentencias de conformidad y se comunican sentencias. No tiene lugar ningún juicio. Es una oficina de compensaciones: atiborrada de gente en la mañana, casi vacía a la hora del almuerzo. Allí, los acusados en detención se sientan en la tribuna del jurado en espera de que anuncien su caso. Tienen las manos esposadas y visten overoles de presidiario, codificados por colores: amarillo para máxima seguridad, azul para mínima y rojo para segregación administrativa, que es el término oficial para el confinamiento en solitario.

Los abogados entran y salen de la sala, pasando frente a la puerta que separa la galería del tribunal, regresando a las cámaras para hablar con el juez, charlando con el alguacil o entre ellos. Se agachan para deliberar con sus clientes, hablan oficial y extraoficialmente, consultan sus calendarios.

En la galería, amigos y familiares se sientan a mirar, como el público perplejo de una obra de teatro representada en un dialecto desconocido hecho de acrónimos, latín e inglés antiguo.

Cada tanto, el alguacil le ladra a alguien que ha estado hablando durante la sesión.

—Si tengo que decírselo de nuevo, se va de aquí y no va a poder regresar.

Personas adultas se encogen como niños mal portados, y callan, amedrentadas.

Después de pasar cierto tiempo en la corte, uno empieza a reconocer a aquellos que no obedecieron la primera advertencia. Son los que esperan afuera, en el pasillo, encorvados en una banca, con la cara surcada por lágrimas de impotencia.

Era agosto. Sasha estaba alistándose para ir a la universidad. Le invadían la emoción y el nerviosismo. Los nervios eran, sobre todo, por salir de la burbuja que era Bay Area.

—Aquí no es muy difícil encontrar un montón de gente *queer* para hacer amistad —explicó—. Pero en MIT voy a tener que esforzarme más por buscar a mi gente.

El fuego estaba volviéndose un recuerdo lejano, aunque Sasha todavía usaba medias de compresión.

—Aparte de unas cuantas cicatrices, prácticamente ya he sanado —dijo.

Aunque a la gente le costaba trabajo creerlo, Sasha no se sentía traumatizade por lo ocurrido. Cuando el dolor físico desapareció, también lo hizo el dolor emocional.

—No siento que me odien —explicó Sasha—. Sobre todo porque, después del ataque, todo el mundo me apoyó. Sentía que una sola persona me odiaba… y eso solo tal vez.

MALETA

Sasha empacó para irse a la universidad. Llevaba las cosas habituales: sábanas y chanclas para la ducha, ganchos para colgar ropa, un reloj despertador. También llevaba un ukulele y un paquete de mapas del metro.

En cuanto a ropa, llevaba camisas, camisetas, polainas y todas sus faldas. También dos pares de tenis Converse y un par de zapatillas de *ballet*. Y, por supuesto, sombreros: siete, entre ellos un gorro tejido, una boina, un *ushanka* ruso y un gorro de Mao con una estrella roja en el frente.

También llevaba unos cuantos libros esenciales: un recetario vegano, la novela *Trenes y amantes* de Alexander McCall Smith, *La mano izquierda de la oscuridad* de Ursula K. Le Guin, un libro sobre anarquismo titulado *Llama negra* y la novela *Orlando* de Virginia Woolf, sobre un poeta que cambia de género, de hombre a mujer.

Solo dos recuerdos del fuego viajaron con Sasha al MIT. Uno, las prendas de compresión. El otro, la ristra de grullas de papel hechas por los estudiantes de la Preparatoria Oakland.

Mientras se preparaba para la partida de su único vástago, Debbie pensó en el psicólogo que le había diagnosticado síndrome de Asperger a Sasha. El psicólogo dijo que había visto muchos niños con autismo a lo largo de los años y ninguno se había casado. Aconsejó a Debbie y Karl que moderaran sus expectativas para el futuro. Con un poco de suerte y trabajo duro, predijo, Sasha podría mantener un empleo de bajo nivel en procesamiento de datos.

Entonces, Sasha tenía siete años.

Debbie y Karl decidieron no trabajar con ese psicólogo. Ahora, más de una década después, Debbie no podía evitar regodearse un poco. "*¡Toma esa, señor terapeuta pesimista!*", escribió en un par de publicaciones de su blog, para celebrar la graduación de preparatoria de Sasha:

> Ahora Sasha irá al MIT. ¡¡¡El MIT!!! Esta persona soñadora, creadora de idiomas imaginarios y de un mundo entero donde hablarlos. Este dulce, graciose, ingenue, a veces fastidiose y a veces brillante hije mío… Esta criatura

que ahora es una persona adulta, lista para despegar como un cohete de ardiente belleza por el cielo nocturno hacia mundos desconocidos. Que el resplandor y el estallido sean gloriosos y el universo le dé la bienvenida. Que Sasha sienta todo nuestro amor como un halo resplandeciente que le rodea.

NEGOCIACIONES

Sasha se fue a la universidad. Era septiembre de 2014, casi un año después del fuego y el caso seguía sin cerrarse. Cuando Richard entró a la corte, recorrió la sala con la mirada, absorbiendo cada detalle. Otros reclusos se desplomaban sin fuerza en los asientos, mirando al piso o al techo, pero Richard siempre tenía la misma actitud alerta. Reparó en quiénes estaban en la galería, en particular en las tras señoras blancas de la tercera edad que siempre se sentaban juntas. El alguacil las había señalado, observando que nunca faltaban a una comparecencia. ¿Quiénes eran?

La fiscalía de distrito había hecho una oferta para una sentencia de conformidad. Retirarían el cargo de mutilación y los agravantes de crimen de odio si Richard aceptaba una sentencia de cinco años por el cargo de agresión. Con el crédito por el tiempo cumplido y buena conducta, el acuerdo implicaba que Richard, ahora de diecisiete años, sería liberado justo antes de cumplir los veintiuno. Eso significaba que, aunque se le acusaba como adulto, todavía podía cumplir su sentencia en instalaciones para menores.

Du Bois pensaba que Richard debía aceptar el trato.

—A ninguno de nosotros le gusta —dijo—. Pero es la mejor entre las opciones disponibles.

Sin embargo, la comunicación entre Du Bois y Jasmine se había deteriorado casi por completo. Jasmine no sabía qué creer ni en quién confiar. Incluso si Richard aceptaba el trato, ¿qué garantías tenía de que no lo enviarían a una prisión de adultos cuando cumpliera los dieciocho años? Jasmine se sentó en el pasillo afuera del Departamento 11, con la cabeza agachada, el cuerpo entero apretado como un puño.

—¿Vamos a resolver esto hoy? —preguntó con fastidio el juez Paul Delucchi cuando se anunció el caso de Richard—. Sé que se supone que estamos a punto de resolverlo desde hace meses.

—Estamos en eso —dijo Du Bois.

El juez pidió a las partes que regresaran a la corte en un par de semanas. Si para entonces no habían acordado una declaración, el caso iría a juicio el 8 de diciembre.

—Estoy un poco frustrada —se quejó Debbie, furiosa, mientras el caso se alargaba—. Solo quiero que acabe.

EL TRATO

Richard estaba sentado en la corte del juez Paul Delucchi, con la pierna izquierda encadenada a una silla de madera. Vestía el pantalón caqui y la sudadera gris suministrados por el condado y, aunque había perdido la mirada de terror de sus primeras comparecencias, sus ojos permanecían recelosos.

Era el 16 de octubre de 2014, once meses y doce días después del incendio en el autobús. Esa mañana, Richard había decidido aceptar el trato. Cumpliría los cinco años. Ahora solo estaba esperando presentar su declaración.

Como siempre, recorrió la sala con la mirada, absorbiendo su entorno. Jasmine estaba sentada del lado izquierdo, con nuevas extensiones de cabello de un tono verdoso. Debbie y Karl estaban sentados en la fila delante de ella. Algunas personas de los grupos de justicia restaurativa estaban dispersas cerca de ellos, incluidos Anna Blackshaw y Darris Young. Las Señoras estaban en su lugar habitual, en una fila cerca del fondo. Unos cuantos periodistas estaban sentados en los asientos delanteros.

Todos habían venido a ver la conclusión del caso, pero esa mañana la fiscalía de distrito había retirado abruptamente la oferta de cinco años. Ahora tenían una nueva propuesta: siete años en una cárcel estatal.

Du Bois le dio la noticia a Jasmine en el vestíbulo afuera de la sala. Jasmine estalló en furia y consternación.

—¡No! ¡No! *¡No!* —gritó—. ¡He sido amable! ¡He sido cortés!

Pero no había nada que pudiera hacer. La fiscalía de distrito tenía todas las cartas. Acéptenlo o vayan a juicio, le habían dicho a Du Bois.

Du Bois acercó una silla a Richard para explicarle lo que acababa de pasar. La cabeza de Richard cayó sobre su pecho mientras asimilaba la noticia.

Jasmine estaba sentada con la espalda recta, la vista fija en su hijo. Richard se volvió a verla. Se miraron a los ojos por un largo y desgarrador momento. Cuando Richard se volvió hacia Du Bois, agachó la cabeza hacia su hombro, como un pájaro envolviéndose con su propia ala. Jasmine se llevó una mano a la boca, con el puño cerrado.

El alguacil abrió los grilletes y Richard se puso en pie, moviéndose con la languidez de los derrotados, como en un sueño. Miró a su madre una última vez, con los ojos nublados, la cara pálida. Luego se agachó y firmó la declaración.

Bajo los términos del trato, la sentencia de Richard todavía podía reducirse a cinco años, si lograba superar una serie de obstáculos. Tres meses después de su sentencia, el juez recibiría una evaluación de su conducta en la División de Justicia Juvenil, como se denominan los reformatorios juveniles de California. Si tenía buena conducta y participaba en los programas educativos y de rehabilitación que ahí se ofrecían, regresaría a la corte para una segunda evaluación en tres meses, justo antes de cumplir los dieciocho años. Si esta segunda evaluación también era positiva, el juez volvería a sentenciarlo a cinco años de prisión estatal en vez de siete, de modo que podría permanecer en un reformatorio juvenil durante toda su reclusión. Pero si cualquiera de las evaluaciones tenía una marca negra, la sentencia de siete años se mantendría. De ser así, Richard sería transferido a una prisión para adultos al cumplir dieciocho años.

Du Bois estaba visiblemente furioso.

—Lo han echado a los leones —dijo al terminar la audiencia.

Señaló que toda clase de situaciones podrían dar pie a un informe de disciplina negativo. Richard podía ser atacado por otro recluso u hostigado por un empleado sádico. Semanas después, seguía echando humo.

—Pasará cinco años en la cárcel para adultos si le dan *un* solo informe de progreso negativo —dijo—. Es punitivo. ¿Y para qué? ¿Quieren proteger a la comunidad convirtiendo a este chico en un pandillero *de verdad*?

La fiscal de distrito Nancy O'Malley nunca pudo explicar por qué la oferta cambió en el último minuto. Pero estaba claro que sus suplentes simplemente habían perdido la paciencia.

—La cosa continuaba y continuaba y continuaba, y el resultado era que el chico estaba sentado en nuestro centro de detención sin un tratamiento significativo —dijo.

Argumentó que había más servicios disponibles en las instalaciones de la División de Justicia Juvenil estatal que en el Centro de Detención de Menores del condado y que, mientras más rápido sentenciaran a Richard, más pronto podría aprovecharlos.

—Necesitamos que este joven, cuando salga de prisión, no suba a un autobús a prenderle fuego a otra persona —dijo.

Por supuesto, si la sentencia de Richard no se cambiaba antes de que cumpliera los dieciocho años, no pasaría mucho tiempo en la División de Justicia Juvenil. Lo enviarían a una prisión para adultos, donde la oferta de programas era exigua. Pero O'Malley estaba segura de que Richard podría cumplir con los objetivos que le había puesto.

—Al parecer, es alguien que, desafortunadamente para él, se desenvuelve bien en un ambiente estructurado —dijo—. Pero no va a vivir en un ambiente estructurado para siempre.

Esa era la historia, tal como ella la veía: Richard se comportaba bien cuando estaba confinado y mal cuando no lo estaba. Claramente, la solución era seguir confinándolo.

MIRA DÓNDE FUE A PARAR SU GENTE

Algunos de los amigos de Richard habían llegado a la misma conclusión. No porque quisieran proteger al mundo de Richard, sino porque querían protegerlo a él del mundo. El mundo que conocían tenía muchos callejones sin salida, muchos rincones peligrosos y ninguna salida señalada con claridad.

El primo de Richard, Gerard, recordaba cómo era Richard cuando regresó de Redding: lleno de ambición y determinación.

—Cuando salió me dijo que estaba portándose bien, que iba a trabajar y demás —contó Gerard—. Empezó a decaer cuando empezó a juntarse con la gente equivocada.

Gerard nunca dijo quiénes eran esas personas equivocadas, pero en el año transcurrido entre el arresto de Richard y su sentencia, dos de sus viejos amigos fueron arrestados por distintos delitos, pero igualmente graves: robo de automóvil con violencia y robo con allanamiento de morada. Ambos recibieron sentencias de cinco años en una prisión para adultos.

—No digo que la cárcel sea para todos, pero tal vez podría salvarle la vida, porque mira dónde fue a parar su gente —dijo Cherie—. No iba a hacer todo lo que hicieran sus amigos, pero se habría visto envuelto en algo de eso.

Era el dilema que, de una forma u otra, todos enfrentaban: si tus amigos seguían un camino peligroso, los adultos te decían que los dejaras. Pero sin tus amigos, ¿en quién puedes confiar? ¿Con qué apoyo puedes contar?

DECLARACIÓN DE IMPACTO DE LA VÍCTIMA

Richard regresó a la corte en noviembre para recibir su sentencia. Debbie y Karl estaban presentes, así como Jasmine y su hermana Juliette. Lloyd también estaba. Era la primera vez que asistía a alguna de las comparecencias de Richard. Al ver a su familia ahí, una sonrisa apareció por un instante en el rostro de Richard y luego desapareció, como un caracol escondiéndose en su concha.

Se le había pedido a Debbie que diera una declaración de impacto de la víctima. Fue escoltada para atravesar la barra de madera que separaba la galería de la sala y le dieron un vaso de agua para despejar la garganta. Luego se paró frente a Richard y, con voz temblorosa, leyó una carta en voz alta.

—Atacaste a nuestre hije mientras dormía en un autobús —comenzó—. Tal vez te pareció extraño que Sasha llevara falda.

La mirada de Richard permaneció fija en la cara de Debbie mientras esta describía el calvario de Sasha: la piel quemada, los dolorosos injertos, las horas de vendarse a diario. Los ojos de Richard se llenaron de lágrimas.

—No entendemos tus acciones —continuó Debbie—, pero también nos parece que el odio solo conduce a más odio. No queremos que salgas de la cárcel lleno de odio. Después del incidente, comunidades cercanas y lejanas reafirmaron el derecho de Sasha, y de todo el mundo, a no sufrir hostigamiento, daños o acoso por su forma de vestir o por ser gay, o trans o agénero. De verdad esperamos que, en los años por venir, crezcas en comprensión y empatía. Tal vez, en un futuro, seas *tú* quien acuda en auxilio de alguien que esté siendo hostigado.

Después, Debbie y Karl estuvieron una media hora respondiendo preguntas de los medios de comunicación. Luego salieron de la corte al sol de noviembre y pararon a tomar café en una cafetería cercana. Estaban exhaustos de hablar con reporteros y no estaban seguros de si sentían alivio o desconsuelo.

—Me pareció importante que lo oyera de nosotros —dijo Debbie, refiriéndose a la carta que leyó—. Cómo fue eso. No quiero que la gente piense: "Oh, no fue tan grave para ellos, porque lo perdonaron", pero —aquí su voz se suavizó— quisiera que el resultado hubiera sido distinto para Richard. Nosotros tenemos a Sasha. Pero la pobre Jasmine acaba de perder a su hijo al menos por siete años.

—Yo sentí una ola de emociones al verlo tan joven —dijo Karl—. Se ve como un niño.

—Espero que logre salir adelante —añadió Debbie—. Espero que no quede aplastade.

—Es un él —la corrigió Karl.

—Perdón —dijo Debbie—. Espero que no quede aplastado.

Mientras Richard recibía su sentencia, Sasha estaba mudándose de los dormitorios de la universidad a la fraternidad Epsilon Theta, que se alojaba en una mansión neocolonial amarilla a unas dos millas del campus del MIT. Era una antigua fraternidad de la marina y ahora, según explicó Sasha, era una "fraternidad solo de nombre".

—O sea, no bebemos, tenemos miembros de géneros mixtos, somos un montón de *nerds* —dijo—. Es como una antifraternidad.

Era el lugar perfecto para una persona tímida como Sasha: un conveniente grupo de personas afines.

—Siempre que no estoy en clase, estoy en Epsilon Theta —explicó.

La casa tenía muchas excentricidades, una de las cuales era que ninguno de los dormitorios contenía camas: eran habitaciones solo para estudiar o socializar. Los veintiún miembros de la fraternidad dormían en el ático, que siempre estaba en penumbra y sin ruido para que pudieran dormir sin molestias a cualquier hora del día.

Cuando no estaban durmiendo o estudiando, a los miembros de Epsilon Theta les gustaba jugar videojuegos, idear y resolver complicados rompecabezas; jugar, inventar y reimaginar juegos de mesa y fingir que se mataban unos a otros en juegos de rol de mafiosos. Comían juntos platillos preparados por una cocinera llamada Karen y tenían una variedad de irónicas tradiciones *nerds*, como Nada de Café (que se definía como un descanso semanal con refrigerios que, en general, no son café) y Guerra de Estéreos (una competencia de quién ponía más alto el volumen antes del inicio de los exámenes finales).

Sasha era la única persona no binaria en la casa, pero en respuesta a su petición, la fraternidad cambió los nombres de los baños —conocidos como "jardines", un remanente de los tiempos de la marina— a "hombres y más" y "mujeres y más".

—Cualquiera que no se identifique exclusivamente como hombre puede usar el jardín de mujeres y cualquiera que no se identifique exclusivamente como mujer puede usar el de hombres —explicó Sasha.

Según esta definición, podía usar ambos.

Cuando Sasha volvió a casa en las vacaciones, llegó vistiendo con orgullo una sudadera de Epsilon Theta, aunque era difícil distinguir que lo era, pues la prenda y las letras tenían exactamente el mismo tono de morado.

Sasha era feliz en el MIT. Había encontrado a su gente y le gustaban sus clases. En cuanto al fuego, ya era un recuerdo lejano. Pocas personas en el MIT sabían de eso.

CÓMO ACABÓ

Cherie está sentada en un café en Oakland, bebiendo un *smoothie* y hablando de los viejos tiempos, cuando ella y Richard tenían catorce años. Viste una camiseta teñida de turquesa, *jeans* y aretes de oro. Su cabello, que le llega a la cintura, luce reluciente, sus joyas resplandecen, su piel es inmaculada... excepto por los rastros de lágrimas en las mejillas.

—Fue jodido que estuviéramos por ahí, peleando y faltando a clase —dice—. Quiero decir que fue el karma, ¿sabes? Debíamos haber estado haciendo lo que teníamos que hacer. Porque mira cómo acabó para nosotros.

Contó los resultados con los dedos: Skeet estaba muerto. Ashley era mamá. Hadari y Jesse cumplían condenas en la penitenciaría estatal. Richard había sido condenado por un delito grave.

Cherie y Dae eran los que quedaban. Tenían dieciocho años, pero hasta el momento no se habían graduado de la preparatoria. No se daban por vencidos, pero tenían que ponerse al día.

—Es una historia triste —dice—. Si lo piensas, es de verdad muy triste.

En enero de 2015, Sasha por fin recibió las dos cartas que Richard le había escrito catorce meses antes.

—Simpaticé mucho con él al leer sus cartas —dijo—. Definitivamente fue muy conmovedor ver su perspectiva.

Debbie y Karl también las leyeron.

—Me entristece no haberlas visto hace un año —dijo Karl.

—Eso habría cambiado las cosas —añadió Debbie—. Creo que me habría preocupado más por lo que pasaba con Richard. Que dijera "hice mal y lo siento y espero que te mejores" significó mucho para mí.

Suspiró.

—Si hubiera leído las cartas, habría tenido un discurso diferente para él.

CHAD

El 2 de enero de 2015, Richard salió del Centro de Detención de Menores del Condado de Alameda en el asiento trasero de un vehículo Crown Victoria enrejado y viajó una hora y veinte minutos por autopista hasta Stockton, California. De ahí, el auto tomó una carretera larga y recta, con campos arados e hileras de árboles a la izquierda y pasto seco a la derecha. Atravesó una verja coronada con alambre de púas para entrar a un complejo de edificios blancos, de poca altura, con techos azules a dos aguas. Era la Correccional Juvenil N. A. Chaderjian, conocida como Chad, que albergaba a unos doscientos treinta varones de entre dieciocho y veinticinco años.

***Del* Manual de derechos de la juventud** *distribuido por la División de Justicia Juvenil:*

> Después de considerar todas las opciones, una Corte de Menores o de Adultos ha tomado la decisión de internarte o alojarte en la División de Justicia Juvenil (DJJ). Ahora que estás aquí, es posible que experimentes ansiedad o miedo. Este manual se creó para ayudarte a entender tus derechos y qué esperar durante tu estancia en instalaciones de la DJJ, responder algunas preguntas frecuentes y proporcionarte información que te sea útil durante tu estancia.
>
> La DJJ desea verte terminar con éxito tu estancia y tu relación con el sistema de justicia penal. A cierto número de jóvenes les va bien aquí y nunca vuelven a meterse en problemas. Cuando esto sucede, todos nos beneficiamos y, lo más importante, tú te beneficias. Considera tu tiempo aquí más como una oportunidad que como un castigo y aprovecha todo lo que se te ofrece. Si lo haces,

no hay duda de que saldrás adelante y estarás más preparado cuando te reincorpores a la comunidad.

Necesidades básicas

Tienes derecho...

A que se te proporcionen los elementos básicos para vivir y mantenerte sano. Las necesidades básicas incluyen el derecho a...

- Comida saludable
- Sueño
- Ejercicio
- Una ducha diaria
- Servicios médicos
- Material de lectura
- Contacto con tus padres, tutores y abogado
- Agua limpia
- Ropa de cama
- Un bebedero
- Un inodoro
- Acceso a servicios religiosos
- Enviar y recibir correo

Una vez que llegues a un Centro de Recepción, se te entregarán limpias las prendas básicas que proporciona el estado y suficientes artículos de higiene personal. Te ducharás a diario y se te darán jabón, champú, toallas, cepillo y pasta dental, así como otros artículos de higiene personal. También puedes comprar otras prendas y artículos de higiene en la tienda del centro correccional.

ALGUNOS ARTÍCULOS DISPONIBLES EN LA TIENDA SON:

- Ropa (pantalones, sudaderas, prendas térmicas, zapatos de marca)
- Comida (refrigerios y refrescos)
- Higiene (crema para la piel, productos para el cabello, maquillaje para jóvenes del sexo femenino)
- Artículos electrónicos (reproductor de MP3 y *walkman*)

Contrabando

Ciertos artículos están prohibidos. Estos son solo algunos de ellos:

- Cigarrillos / tabaco
- Sustancias controladas
- Parafernalia de drogas
- Drogas
- Materiales para apuestas o lotería
- Materiales de pandillas

- Dinero
- Dibujos, fotografías, impresiones, etc. sexualmente explícitos
- Armas o explosivos
- Teléfonos celulares, asistentes personales digitales, buscapersonas, etc.

Cacheos y registros

Tienes derecho...

A QUE SE TE REGISTRE O CACHEE DE LA MANERA QUE TE RESULTE MENOS VERGONZOSA.

Los cacheos y registros son necesarios para garantizar tu seguridad y la de los demás. Existen diferentes tipos de registros.

REGISTRO DE PERTENENCIAS O DE HABITACIONES

El personal puede registrar tu habitación o tus pertenencias en busca de contrabando o de evidencia. Los registros de pertenencias o de habitaciones deben realizarse en tu presencia siempre que sea posible. El personal revisará tu ropa, tu cama, tus libros y otras pertenencias que se encuentren en tu habitación.

CACHEO POR PALPACIÓN

Los cacheos por palpación, con ropa puesta, se realizan de manera rutinaria, así como en ciertas situaciones, como cuando un joven sale de un taller de oficios.

CACHEO DE PIEL

Los cacheos de piel requieren que te quites la ropa. Esto se hará con máxima consideración a tu privacidad. Solo un oficial de policía o personal médico autorizado, de tu mismo sexo, puede estar presentes o participar en el cacheo. Si se sospecha que ocultas contrabando en tu área rectal o vaginal, puede hacerse una búsqueda rectal o vaginal. Este tipo de búsqueda la realiza personal médico autorizado.

Hace diez años, California tenía 10,000 menores de edad encarcelados en once centros estatales y seis campos. Hoy en día, la cifra ronda los 700, distribuidos entre tres centros y un campo de conservación, donde jóvenes de bajo riesgo trabajan en supresión de incendios. Solo los delincuentes más peligrosos entran a instalaciones de la División de Justicia Juvenil: chicos condenados por delitos violentos y sexuales. Los jóvenes condenados por delitos menos graves cumplen su condena en reformatorios juveniles del condado o en centros de acogida de menores, o permanecen en la comunidad con tobilleras de GPS que rastrean sus movimientos.

La mayoría de los jóvenes alojados en instalaciones de la DJJ fueron enjuiciados en tribunales de menores, pues los que pasan por el tribunal para adultos suelen terminar en prisiones para adultos. Los delincuentes que vienen aquí generalmente se quedan dos o tres años.

Chad tiene doce unidades de alojamiento, de las cuales solo nueve están actualmente en uso. Están dispuestas en semicírculo alrededor de una extensión de césped en la que los jóvenes juegan softbol, futbol americano o balompié. En verano, hace un calor abrasador y en invierno, un frío glacial. La vista es deprimente: una colina parda y desnuda, una valla metálica, reflectores en un poste. No obstante, a pesar del espantoso clima, la monotonía de los edificios y la gravedad de los delitos de los jóvenes, Chad no se percibe como un lugar terrible. La atmósfera es relajada e informal, más semejante a una escuela que a una prisión. Los jóvenes van a clases, asisten a programas de oficios, desempeñan trabajos *in situ*, participan en grupos de terapia cognitivo-conductual. Se quejan de lo cansados que están del trabajo y la escuela, pero no se quejan de aburrimiento.

Hace diez años, Chad era un lugar muy diferente. En agosto de 2005, un joven de dieciocho años llamado Joseph Daniel Maldonado se ahorcó colgándose de la litera superior con una sábana, en su habitación en la Residencia Pájaro de Chad. Había pasado las últimas ocho semanas confinado en su cuarto casi las veinticuatro horas del día y se le habían negado servicios de salud mental, a pesar de sus repetidas solicitudes. Fue el quinto suicidio en una penitenciaría juvenil de California en varios años.

En ese momento, las penitenciarías juveniles de California eran notoriamente hostiles, violentas, ruinosas, aburridas y estaban sobrepobladas. Con frecuencia se sometía a los jóvenes convictos a confinamiento en solitario y, a algunos, se les forzaba a hacer ejercicio y a tomar clases encerrados en jaulas. El uso de la fuerza física y las drogas psicotrópicas era desenfrenado. La violencia se cernía sobre el lugar como un mal olor. Con frecuencia se cancelaban clases por falta de maestros.

Era difícil encontrar trabajo y los programas de capacitación laboral eran mínimos. Los oficiales penitenciarios tenían la facultad de castigar a los jóvenes reclusos añadiendo tiempo a sus sentencias, con el resultado de que los delincuentes juveniles de California estaban presos casi el triple de tiempo que el promedio nacional. Incluso después de liberados, los jóvenes californianos parecían incapaces de escapar de las garras de la prisión. Más del 80 por ciento regresaban a custodia estatal a los tres años de salir.

Una demanda de 2003, *Farrell contra Harper*, condujo a la reforma total. "Este no es un sistema que necesite ajustes superficiales. Es un sistema que está roto casi por dondequiera que se le mire", concluyó una comisión de expertos aprobada por el estado en 2006. Ese mismo año, la comisión presentó un plan para la reestructuración completa de las penitenciarías juveniles de California.

La aplicación del plan tomó tiempo y presión continua por parte de los reformistas. Pero, en menos de tres años, las penitenciarías juveniles de California pasaron de estar entre las peores del país a contarse entre las mejores.

—Ya no echan mucha gente al hoyo, la violencia ha disminuido considerablemente y la satisfacción del personal y de los chicos ha aumentado —dice Don Specter, director ejecutivo de la organización sin fines de lucro Prison Law Office, que entabló la demanda original en 2002 y ha monitoreado el progreso del estado desde entonces—. Es un lugar totalmente distinto.

En vez de centrarse exclusivamente en castigar el mal comportamiento, ahora el personal monitorea y recompensa el buen comportamiento. Los jóvenes reciben "revisiones positivas" por cumplir las reglas, pero también por utilizar las competencias interpersonales necesarias para prosperar en el exterior: competencias como pedir ayuda o resolver un conflicto con el diálogo. Si te portas bien todo el día, puedes quedarte una hora más en las áreas comunes, en vez de tener que regresar a tu cuarto a las ocho de la noche. Si te portas bien toda la semana, ganas dulces, papas fritas o refrescos del "casillero de incentivos". Con un mes de buen comportamiento, ganas una invitación a una fiesta de pizza o nachos. Y, si te portas bien el tiempo suficiente, puedes solicitar una estancia de una semana en uno de dos "cuartos de incentivos": celdas que han sido acondicionadas como pequeñas "cuevas de hombre", con DirecTV, consolas de videojuegos, ropa de cama cómoda y colorida, y —muy importante en el sofocante calor de Stockton— un ventilador.

—Déjenme preguntarles —dijo Rick Lindsey—. ¿Tienen pensamientos riesgosos a lo largo del día?

Lindsey, agente de libertad condicional en Chad, se dirigía a Richard y a otra media docena de jóvenes varones en una pequeña sala de conferencias en la Residencia Pluma, donde se alojaban los jóvenes de menor riesgo y mejor comportamiento. Era tarde y los jóvenes habían terminado de estudiar y trabajar por ese día. Ahora solo tenían que cumplir una obligación más antes de la cena: participar en CounterPoint, un programa cognitivo-conductual diseñado para enseñar a resolver problemas y tomar perspectiva.

—Miedo a meterme en problemas —dijo un joven con camiseta blanca y reclinó su silla contra el pizarrón a sus espaldas.

La sala, vacía excepto por un caballete, no era mucho más amplia que un armario grande. Richard estaba sentado en silencio, con los codos apoyados en las rodillas, escuchando.

—Pero, ¿qué podría meterte en problemas? —preguntó Lindsey.

Era un hombre afable, genial, bajo y fornido. Hablaba con tono informal, como alguien del barrio.

—Pues, comportamiento.

—¿Qué clase de comportamiento te mete en problemas?

—Enojo.

—¿Qué te hace enojar?

—Furia.

—¿Qué te pone furioso? Vamos.

—La falta de respeto.

—Cuando sientes que te faltan al respeto, ¿cómo te sientes?

—Duele.

—¿Duele? ¿Qué te hace pensar?

—Mis sentimientos son de querer reaccionar —respondió el joven.

—¿Justificación? —dijo otro chico.

Tenía cabello corto y su aire confiado indicaba que ya llevaba un buen tiempo en el lugar.

—¿Por qué eso sería pensamiento riesgoso?

—La mayoría de las personas no piensan antes de actuar —explicó el joven de lentes—. Yo pienso, pero con ese pensamiento intento justificar lo que voy a hacer. Soy un poco terco en mi forma de pensar.

Lindsey asintió, como diciendo: "Ya estamos llegando al meollo del asunto".

—Pensamiento riesgoso —dijo—. Todos ustedes están aquí por una razón, ¿cierto? Diré que todos están aquí por algunos pensamientos riesgosos que tuvieron. Tal vez no debí ir a la tienda esa noche. Tal vez no debí robarle a ese tipo esa noche. Tal vez no debí pelear con ese tipo esa noche. ¿Cierto? Tal vez no debí llevar esa pistola conmigo esa noche. ¿Cierto? Por decir algo.

—¿O será porque *no* lo pensaste? —sugirió otro chico. Vestía un rompevientos negro y tenía un aire mordaz.

—Podría ser —concedió Lindsey—. Otros están bajo los efectos de alguna sustancia. No ser totalmente consciente de tu entorno puede ser pensamiento riesgoso porque no te encuentras en buen estado mental. ¿Cómo sabes que un pensamiento es riesgoso?

—Duda —dijo un joven que tenía el cabello recogido en una coleta. Se inclinó hacia adelante y apoyó los codos en las rodillas, con los ojos fijos en Lindsey.

—Duda —repitió Lindsey—. Explícalo.

—Cuando tu conciencia te dice que es malo, sabes que no debes hacerlo.

—Tu conciencia —dijo Lindsey—. El angelito y el diablito.

—Y le haces caso al malo —dijo el chico de la coleta—. El bueno es al que *debes* escuchar. El bueno es el que es básicamente… eres *tú*.

—El bueno te da ese sentimiento visceral —dijo el chico de los lentes de armazón negro.

—Te dice: "¿Estás seguro de que esa acción es la correcta?" —convino Lindsey—. Así que tienes un tipo bueno y un tipo malo, ¿a cuál vas a escuchar?

—Creo que yo tengo dos tipos malos —dijo el chico del rompevientos negro y se sonrió.

Lindsey rio.

—Es diferente para cada persona —les pasó una hoja de papel en la que enumeraba distintos tipos de pensamiento riesgoso—. "Generalizar de más". ¿Qué es eso?

—"Siempre me echan la culpa" —dijo el chico de lentes, representando el papel de alguien que generaliza en exceso—. "El personal siempre está en mi contra. Siempre me dan evaluaciones negativas".

Lindsey asintió.

—Ahí tienes —repasó otras categorías—. Catastrofismo —esa era la abuela de algún chico, siempre segura de que lo peor iba a suceder—. ¿Desesperado y merecedor?

—Piensas: "necesito esto" o "tengo derecho a esto" —dijo alguien.

—Oh, no —dijo Lindsey.

—Algo así como sentir que no tienes lo que mereces —sugirió alguien más—. "Caray, ¿por qué nunca tengo esto?".

—¡Ah! —exclamó Lindsey alzando las cejas, pidiendo más.

—"¿No soy acaso buena persona? ¿No merezco tener esto? Hombre, llevo cinco años trabajando aquí. ¿Por qué todavía no tengo esto?".

Siguió una discusión. ¿No era "desesperado y merecedor" o una forma de pensar de la gente pobre?

—Los ricos no pueden ser "desesperados y merecedores", ¿de qué hablas? —se burló un chico.

—Pueden ser muy adinerados y aun así pensar: "Merezco tener una esposa" y empiezan a sentir lástima por sí mismos

—dijo el chico de la coleta—. Algunas personas tienen un montón de dinero, pero no tienen a nadie.

—Sí, pero preferiría ser ellos que estar aquí —dijo el chico sarcástico y cruzó los brazos sobre el pecho.

Todos asintieron.

INFORME DE PROGRESO

Sasha estaba de pie en el pasillo afuera del Departamento 11, vistiendo chaleco, camisa, corbata de moño, falda larga y zapatillas de *ballet*. Llevaba colgada del hombro una bolsa de lona decorada con prendedores. "Clase LGBTQ de 2018", decía uno. Otro simplemente decía: "elle". Tenía el cabello corto, rasurado de un lado, con las puntas teñidas de rosa fluorescente.

Debbie y Karl estaban de pie junto a Sasha. También ellos vestían con elegancia: un vestido de punto morado para Debbie y, para Karl, pantalón plisado, una camisa rosa a cuadros y una corbata. Karl había completado su atuendo con el mismo sombrero australiano que usó para cubrir a Sasha el día de las quemaduras.

Era el último viernes de junio de 2015. La familia estaba en la corte para asistir al segundo informe de progreso de Richard, el que determinaría si era apto para la revisión de sentencia. Richard había pasado el primer obstáculo con excelencia. No tenía ninguna infracción disciplinaria y el personal de Chad lo había descrito como motivado a participar en los programas de tratamiento y arrepentido de su crimen. Si su segundo informe de progreso resultaba igual de positivo, su sentencia podría cambiar de siete a cinco años.

El elevador se abrió y Jasmine salió. Vestía *jeans*, tenis altos y un saco con cuello chal en blanco y negro. Abrazó a los tres miembros de la familia de Sasha y tomó asiento, exhalando con fuerza. La tensión había desaparecido de su rostro. Sonreía, pero también estaba cansada, pues ahora tenía un segundo empleo. Después de terminar su turno en la residencia de personas mayores, hacía un turno de cuatro horas en el supermercado y a menudo no salía de trabajar hasta la una de la mañana. Todos los domingos, conducía tres horas de ida y de vuelta para visitar a Richard.

No había sido fácil conseguir el permiso para ir a la corte. Su jefe había denegado su petición, pero Jasmine logró intercambiar turnos discretamente con un colega. Ahora había otro problema: el expediente de Richard se había traspapelado, por lo que el juez no podía revisar su historial. El caso tendría que aplazarse hasta la semana siguiente. Jasmine dejó caer los hombros.

—No puedo conseguir más tiempo libre —murmuró.

Siguió hablando un momento más, pero luego se le apagó la voz.

—Estoy sonriendo, pero por dentro lloro —admitió.

Estaba examinando las opciones en su mente: "¿Cómo podría llegar? ¿Quién más podría venir en su lugar?".

El contratiempo del expediente no solo era un problema para Jasmine. La familia de Sasha quería hablar ante la corte, pero saldrían de vacaciones al día siguiente. No estarían presentes la siguiente semana.

Después de deliberar un poco, el juez Delucchi accedió a permitirles dar su declaración. Llamó a Karl al frente de la sala.

Ahora las partes estaban de pie ante el juez, como una pareja ante el altar: Karl con el fiscal de distrito adjunto, Scott Ford, a su lado y Richard con Bill Du Bois. En un año y medio Richard había crecido. Ahora era más alto que Du Bois y sus hombros, más anchos. Miró a Karl con expresión neutral.

Karl carraspeó y desdobló una hoja de papel.

—Hablo en nombre de mi esposa, Debbie y de nuestre hije, Sasha. Gracias por la oportunidad de escucharnos —comenzó.

La sala guardó silencio.

—En la semana después del incendio en el autobús, Richard le escribió a Sasha dos cartas en las que asumía plena responsabilidad por sus acciones y pedía perdón. Desafortunadamente, esas cartas tardaron catorce meses en llegar a nosotros. Cuando por fin las leímos, nos conmovieron hasta las lágrimas. Esas cartas nos dieron una imagen más clara de quién era Richard y nos hubiera gustado leerlas antes de que Debbie hablara en la audiencia de la sentencia.

Mientras Karl hablaba, Richard movía la mandíbula, tensando y destensando los músculos. Sus labios se tensaron hacia un lado.

—Le *creo* a Richard cuando dice que no tenía la intención de herir físicamente a Sasha —continuó Karl—, pero también creo que Sasha no habría sido el blanco si hubiera vestido pantalones.

Describió cómo otros chicos en el autobús se habían reído mientras la falda de Sasha ardía en llamas.

—Deseamos que Richard y esos otros chicos aprendan empatía hacia quienes son diferentes. Esperamos que en el centro de detención de menores existan programas que al menos puedan ayudar a Richard con esto, que pueda convertirse en un aliado capaz de hacer frente al odio y el acoso hacia las personas gays y trans.

El silencio en la sala era tal que se podía oír la respiración de Karl mientras trataba de calmar su voz.

—Desde el principio nos opusimos a que Richard fuera enjuiciado como adulto —dijo—. Sus acciones parecen haber sido impulsivas, inmaduras y no premeditadas. Cometió un grave error y lo reconoce. Nos pidió perdón —se le quebró la voz—. Sasha, Debbie y yo hemos perdonado a Richard —susurró—. Esperamos que el estado se centre más en prepararlo para el mundo después de la cárcel que en castigarlo.

Cuando Karl alzó los ojos del papel que aferraba en sus manos, vio que Richard lo miraba.

—Gracias —dijo Richard con un hilo de voz.

Al fondo de la sala, las Señoras sollozaban, con los ojos enrojecidos.

—Dado que la sentencia le otorga un criterio amplio a la corte, no tomo sus palabras a la ligera —dijo el juez Delucchi.

Luego aplazó el caso para el siguiente martes.

—El historial debe mostrar que la corte ha leído los voluminosos expedientes que se han proporcionado —dijo el juez Delucchi cuando Richard regresó a la corte la siguiente semana.

El juez señaló que el informe era positivo. Richard asistía a clases, participaba en el tratamiento y había expresado interés en conseguir trabajo en el centro. No había tenido ninguna acción disciplinaria. El personal comentaba que era callado y reservado, pero lo felicitaban por limitar sus interacciones "para no verse envuelto en demasiada negatividad".

—En resumidas cuentas— le dijo Delucchi a Richard—, el informe muestra un nivel de madurez que no tenías el día del delito—. Además —continuó—, la familia de Sasha ha dejado clara su postura y eso debe tomarse en cuenta.

Con esto, modificó la sentencia de Richard, de siete a cinco años. Con crédito por el tiempo cumplido, saldría justo antes de cumplir los veintiún años. Su recomendación fue que Richard cumpliera la totalidad de esa sentencia en el sistema juvenil.

El jefe de Jasmine le había dado el día libre para asistir a la audiencia. Al terminar, se quedó en el pasillo, sonriendo, con expresión de ligero aturdimiento.

—Sigue siendo un largo tiempo —dijo—. Tres años más.

Había pasado el fin de semana con su primo Regis, en la celebración del Orgullo LGBT en San Francisco. Ahora pensaba aprovechar su día libre y hacer algunos mandados. Lo primero era lavar su auto.

—Me siento liberada —dijo en el elevador—. Apoyó la cabeza contra la pared y alzó la vista al techo antes de corregirse—: Aliviada.

Cinco meses después de pronunciada la sentencia de Richard, Andrew y Sasha se vieron para cenar en un café latinoamericano en Berkeley. No se habían visto mucho en el último par de años, pero ahora Sasha estaba en la ciudad por las vacaciones de invierno y se reunían por segunda vez en varias semanas. Ya habían tenido la conversación inicial de "¿en qué andas en estos días?" y, durante la cena, solo hablaron —como en los viejos tiempos— del mundo, de cómo era y cómo debía ser. Hablaron de revolución contra reforma y anarquismo contra socialismo. Andrew, como siempre, quedó impactado por la forma en que Sasha sopesaba todo en vez de simplemente repetir las opiniones de los demás.

Ahora Andrew tenía dieciocho años. Usaba lentes sin armazón en la parte baja y tenía la nariz perforada en el tabique. Se identificaba como hombre gay. Pocas personas sabían que era trans, era discreto al respecto.

Sin embargo, cuando los hombres heterosexuales lo trataban como un hermano, sentía una desorientación que le resultaba familiar.

—Aunque sentía con vehemencia que no era una chica, ser chico tampoco es tan genial —admitió—. Ambos lados tienen su carga de mierda.

Si ser hombre significaba siempre tener que actuar con seguridad y no poder admitir sentimientos de tristeza o duda, entonces era una trampa, igual que ser mujer. Era más feliz ahora que había hecho la transición, pero aun así anhelaba algo más, un lugar fuera del género.

—De hecho —dijo—, estoy empezando a identificarme un poco como… ni siquiera sé todavía qué palabra quiero usar. Me gusta *andrógino*. Me gusta *genderqueer*.

¿Qué lo retenía? El miedo. Miedo al juicio de otras personas, a sus preguntas, a su hostilidad, a su fascinación.

—Ahora mismo me siento cómodo porque caigo en el sistema binario —explicó—. Pero si cambiara radicalmente mi apariencia de una forma más andrógina, no sé qué tan cómodo sería. Digo, ya me han hecho suficientes preguntas sobre mis genitales. Estoy harto de eso.

CUMPLEAÑOS

Richard cumplió dieciocho años en el Centro de Detención de Menores del Condado de Alameda, justo antes de ser transferido nuevamente a Chad. En el centro de detención de menores no se festejan los cumpleaños, de modo que fue un día exactamente igual a cualquier otro. Ya estaba acostumbrado a eso. No había pasado un cumpleaños en casa desde que cumplió catorce. Había cumplido los quince, los dieciséis, los diecisiete —y ahora los dieciocho—, en el encierro.

De regreso en Chad, obtuvo su diploma de preparatoria. Luego comenzó a tomar clases de oficios y se certificó en programas como Irrigación y Operación de Montacargas. Trabajó un tiempo en la barbería y después consiguió empleo con Free Venture, una organización sin fines de lucro con certificación ambiental que renueva y recicla desperdicios electrónicos en la correccional. En Free Venture ganaba $9.70 por hora, lo que le permitió empezar a pagar la multa de $2,100 que tenía como parte de su sentencia de conformidad, así como depositar dinero en una cuenta de ahorros para su futura liberación. Era uno de los mejores empleos en la correccional y uno de los más difíciles de conseguir, pero Richard lo hacía excepcionalmente bien. Ya había alcanzado el Nivel de Incentivo A, el más alto al que podía llegar un joven recluso y se alojaba con otros jóvenes de bajo riesgo en una sala donde la atmósfera era generalmente relajada. Por las tardes, veían televisión o jugaban ping-pong y dominó en la sala de recreación, o hacían llamadas telefónicas en uno de los dos teléfonos de pago.

Richard se mostraba un poco frío: tardaba en confiar y en abrirse. No sonreía mucho. Todas las noches, regresaba a su celda de seis por ocho pies con lavabo e inodoro de metal. En su escritorio tenía una biblia, unas cuantas figuras de origami y un televisor que había comprado con el dinero ganado en Free Venture. En la pared tenía fotos familiares pegadas con cinta en ordenadas hileras: todas las personas que más amaba, sonrientes, radiantes, congeladas en el tiempo.

Dormía en la parte inferior de la litera de metal. La de arriba no tenía colchón. Ahí Richard exhibía los certificados educativos y de oficios que había obtenido en Chad, que parecían cuadrados de papel de colores ordenados en hileras.

Junto a los certificados, colocó una impresión del poema "Invictus", de William Ernest Henley:

Desde la noche que me cubre,
negra como el abismo de polo a polo,
doy gracias a los dioses, cualesquiera que sean,
por mi alma inconquistable.

En las garras de la circunstancia
no me he doblado ni roto en llanto.
Bajo los azotes del azar
mi cabeza sangra, mas no se agacha.

Le quedaban dos cumpleaños más por celebrar tras las rejas: el decimonoveno y el vigésimo. En algún momento antes del vigésimo primero, un Crown Victoria enrejado lo llevaría de regreso al Centro de Detención de Menores del Condado de Alameda, donde sería procesado y después liberado.

Después de eso, por fin terminaría el viaje a casa que había empezado el 4 de noviembre de 2013.

Luego, por fin, comenzaría el siguiente capítulo de su vida.

En enero de 2016, justo antes de regresar a clase para su segundo año de universidad, Sasha y Michael se reunieron en Maybeck para jugar el juego de las fichas bibliográficas. Seguía siendo divertido y los chistes mantenían su gracia, aunque algunas de las referencias se habían perdido en las brumas del tiempo. Sasha todavía podía cecear sin esfuerzo con acento ruso cuando las tarjetas lo exigían. Michael seguía usando un gorro tejido gris, lo que estaba muy bien porque todavía había una tarjeta que decía: "Róbale el gorro a Michael".

—¿Has oído hablar de una palabrita llamada *elle*? —dijo Sasha después de sacar "Píldoras para Dormir Lunesta", una tarjeta que usaba el género masculino y femenino ("El jugador o la jugadora debe jugar con la frente sobre la mesa"). Era vieja, de cuando Sasha apenas empezaba a recordarles los pronombres neutros a los demás.

Solo que ahora era un chiste, ya no un recordatorio. Nadie necesitaba recordatorios, excepto la tarjeta, escrita antes de que Sasha fuera Sasha.

Un par de días antes, Michael y Sasha habían escaneado digitalmente todo el mazo de fichas bibliográficas para la posteridad. Mientras las repasaban, se detenían en las que mencionaban a una persona llamada Luke.

Una de esas tarjetas tenía un dibujo de una pluma y un tintero. Se llamaba "La Pluma Fuente de Luke". *Saca una tarjeta.*

No era un juego de palabras muy bueno. Ni de lejos tan bueno como muchas de las tarjetas creadas después, pero después de discutirlo, decidieron dejar las tarjetas de Luke en el mazo.

Al fin y al cabo, dijo Sasha, eran parte del registro histórico.

Muchas cosas habían cambiado desde el inicio de la preparatoria, entre ellas el nombre de Sasha, sus pronombres y su forma de vestir. Sin embargo, en todo lo importante, Sasha seguía siendo Sasha. Todavía amaba a los gatos, las caricaturas, los juegos y los sombreros. Todavía era, como alguna vez escribió en su blog, "le mayor *nerd* de los autobuses que conocerás en tu vida".

Ahora, ese amor por los autobuses se había vuelto interés académico. Sasha decidió estudiar urbanismo y esperaba llegar a conseguir trabajo diseñando o mejorando sistemas de transporte público.

—Quizá seguiría *usando* el transporte público, aunque no lo amara —explicó—, pero la razón por la que lo *estudio* es que siento un amor personal por él.

Podrías pedirle a Sasha que explicara ese amor, pero sería una pérdida de tiempo. No podría explicar el amor por los autobuses, como tampoco podría explicar su amor por el color morado.

—Soy une joven autista con un interés especial —dice Sasha, y sonríe—. Esa es, tal vez, la mejor respuesta que puedo dar.

MOMENTOS IMPORTANTES PARA LA NEUTRALIDAD DE GÉNERO

2007

La Corte Suprema de Nepal ordena al gobierno emitir identificaciones que permitan a la ciudadanía describirse como "tercer género" u "otro".

2013

Australia permite a la ciudadanía elegir entre tres géneros oficiales: hombre, mujer y X.

Australia permite a los padres elegir entre tres opciones de género al llenar el acta de nacimiento de un recién nacido: hombre, mujer e indeterminado.

2014

Facebook comienza a permitir a los usuarios identificarse como algo más que hombre, mujer.

Dinamarca permite a su ciudadanía elegir entre tres géneros oficiales: hombre, mujer y X.

2015

La Casa Blanca designa un baño de género neutro para visitantes y personal.

Target anuncia que retirará la señalización de género de sus pasillos de juguetería y enseres.

Malta y Nepal se unen a la lista de países que ofrecen a su ciudadanía la opción de un tercer género oficial.

El *Diccionario de inglés de Oxford* añade el prefijo de género neutro *Mx.* a su léxico, como alternativa a *Mr.*, *Ms.*, *Mrs.* y *Miss*. También añade la palabra *cisgénero*.

Disney retira las categorías de género de sus disfraces de Halloween.

El *Washington Post* actualiza su manual de estilo para permitir a sus escritores usar el pronombre *they* para referirse a un individuo y lo llama "la única solución razonable a la falta de un pronombre neutro para la tercera persona singular en inglés".

La American Dialect Society elige el pronombre de género neutro *they* como su Palabra del Año.

Amiko-Gabriel Blue, residente de Ashland, Oregon, acude a los tribunales para cambiar legalmente su género a "neutro". La petición es denegada, pero más tarde el juez le dice a un reportero: "Con gusto lo habría hecho si me hubiera parecido que era legal".

2016

Carolina del Norte aprueba la Ley de Privacidad y Seguridad en Instalaciones Públicas, que manda que las personas usen los baños públicos de acuerdo con el sexo biológico de su acta de nacimiento.

Merriam-Webster añade las palabras *cisgénero* y *genderqueer* al diccionario.

El gobierno de Obama ordena a las escuelas del país que den a los estudiantes acceso a baños y casilleros acordes a su identidad de género elegida.

Un sargento retirado del Ejército de Estados Unidos, de nombre Jamie Shupe, obtiene permiso de una corte de Oregon para cambiar legalmente su género a no binario, convirtiéndose en la primera persona en hacerlo en Estados Unidos.

2017

Después de que Carolina del Norte perdiera, según estimaciones de Politifact, 500 millones de dólares en ingresos y la oportunidad de ser el estado anfitrión del Juego de las Estrellas de la NBA para 2017, los legisladores votan para revocar la Ley de Privacidad y Seguridad en Instalaciones Públicas, conocida como "ley de los baños". Pero, aunque la ley que la reemplaza elimina la obligación de usar el baño para el género asignado al nacer, los legisladores del estado siguen estando a cargo de futuras políticas sobre los baños.

El gobierno de Trump elimina los lineamientos del gobierno de Obama que ordenaban a las escuelas dar a sus estudiantes transgénero acceso a baños y casilleros acordes a su identidad de género.

La serie dramática *Billions*, de Showtime, presenta a Taylor, el primer personaje de género no binario en televisión.

Los Premios MTV de Cine y Televisión se convierten en el primer premio importante en eliminar las categorías por género para actuación. Emma Watson gana la categoría a Mejor Actuación, que incluye a todos los géneros y es presentada por Asia Kate Dillon, actore de género no binario.

ALGUNAS CIFRAS: ENCARCELAMIENTO JUVENIL EN ESTADOS UNIDOS

(Se trata de las cifras más recientes disponibles en 2016)

Número de menores encarcelados en correccionales en cualquier día determinado: 54,148.

Costo promedio del encarcelamiento de menores para una estancia de doce meses: $146,302.

Porcentaje de menores que son afroamericanos: 16.

Porcentaje de jóvenes encarcelados que son afroamericanos: 41.

Porcentaje de jóvenes afroamericanos que cumplen su sentencia en una prisión para adultos: 58.

Número de personas que actualmente cumplen cadena perpetua sin posibilidad de libertad condicional por delitos cometidos cuando eran menores de edad: 2,750.

Costo de encarcelar a un menor de por vida: 2.5 millones de dólares.

Aumento porcentual en la probabilidad de que una persona sea encarcelada en su edad adulta si fue encarcelada siendo menor de edad: entre 22 y 41.

Porcentaje de jóvenes reclusos que han presenciado a alguien herido de gravedad o asesinado: 70.

Porcentaje de jóvenes reclusos que declaran haber padecido abuso físico o sexual en su vida: 30.

Porcentaje de jóvenes reclusos que han sido víctimas de abuso sexual en la cárcel: 9.5.

Porcentaje de jóvenes reclusos que han intentado suicidarse: 22.

AGRADECIMIENTOS

Tantas personas han sido tan generosas con su tiempo, experiencia, recuerdos y reflexiones durante mi investigación para este libro, que necesitaría otro libro solo para agradecerles como se debe. A continuación menciono a algunas de ellas:

Sujatha Baliga, nuri nusrat, Kate McCracken, Anna Blackshaw, Maria Dominguez y Darris Young compartieron conmigo sus conocimientos y reflexiones sobre los procedimientos legales. Bill Du Bois respondió con paciencia mis incesantes preguntas, al igual que Teresa Dresnick y Nancy O'Malley. El superintendente adjunto Brian Hopson, del Departamento de Libertad Condicional del Condado de Alameda, y el superintendente adjunto Craig Watson, de la Correccional Juvenil N. A. Chaderjian, fueron mis amables guías en sus respectivas instituciones.

El personal de la Preparatoria Oakland y el de la Preparatoria Maybeck se tomaron el tiempo para hablar conmigo a pesar de tener trabajo que hacer. Agradezco de corazón a Matin Abdel-Qawi, Arianna Caplan, Carlitta Collins, Earnest Jenkins III, Tiago Robinson, Jesse Shapiro, Orlando Watkins, Amy Wilder y, en especial, a Kaprice Wilson de la Preparatoria

Oakland. Gracias también a William Webb y Trevor Cralle, de Maybeck.

Este libro empezó como un artículo para *The New York Times Magazine*, que Dean Robinson, Jessica Lustig, Bill Wasik y Jake Silverstein mejoraron en muchas formas. Tanto en la *Times Magazine* como, más tarde, en su propia publicación, *The Verificationist*, Rob Liguori consignó hechos y aportó sus propias observaciones. Sin él, no habría sándwich. Cualquier error que pudiera haber es mío.

El cineasta Lonny Shavelson tuvo la generosidad de darme acceso a entrevistas y metraje sin editar de su maravilloso documental sobre las personas no binarias, *Three to Infinity*. Es su mirada la que se aprecia en algunas partes importantes de este libro.

La descripción de la reunión previa al partido del equipo de basquetbol de la Preparatoria Oakland la tomé de *Playing for Sasha, Playing Against Hate*, un cortometraje de la organización sin fines de lucro de Oakland, Not in Our Town. Descubrí la cita aún vigente de John P. Altgeld en el fascinante libro *Juvenile Justice in the Making*, de David S. Tanenhaus. Muchos jóvenes se tomaron el tiempo de hablar conmigo. Cité a algunos, a otros no, y algunos pidieron permanecer en el anonimato, pero todos ayudaron a hacer de este libro lo que es. Gracias a Michael Birkhead, Carrie Carpenter, Teah Cory, Ian Gonzer, Eve Irwin, Thomas Kelly, Cherie, Healy Miller, Emarieay Prescott, Willie Scott III y Sabrina Tern, así como a Andrew, Nemo, Liam, Lidell, TC, Jeff, J. y Pancha.

Todo escritor debería tener la fortuna de contar con una agente como Erin Murphy y una editora como Joy Peskin: inteligentes, entendidas, comprometidas y gentiles. Me han iluminado a lo largo de todo el proceso.

Estoy agradecida con Alex Gino y Nicholas Henderson por leer y comentar el manuscrito con tremenda sensibilidad y consideración. Gracias también a Nancy Elgin y Chandra Wohleber por revisar el texto con lupa.

Mi esposo y mi hijo siempre estuvieron presentes para hablar conmigo en los tres años que pasé investigando, escribiendo y cavilando. Su amor, sabiduría y humor hicieron que todo fuera más fácil, y su experiencia en muchos temas me fue indispensable.

Las palabras no alcanzan para describir mi deuda con las dos familias cuyas historias son la esencia de este libro. Su gracia, amabilidad y compasión me inspiraron durante todo este proceso. Lamento que hayan tenido que soportarme tanto tiempo.

CRÉDITOS

El fragmento de "Hir" se reprodujo con permiso de Alysia Nicole Harris y Aysha El Shamayleh.

El fragmento del *Manual de derechos de la juventud* de la División de Justicia Juvenil, de 2010, se reprodujo con permiso del Departamento de Correcciones y Rehabilitación de California.